乡村社区治理与可持续发展研究

何红玲◎著

企业管理出版社
ENTERPRISE MANAGEMENT PUBLISHING HOUSE

内容提要

本书基于社会学、政治学和经济学等学科视角，阐发乡村社区治理和乡村可持续发展的相关理论，梳理我国乡村治理的政策演变及其逻辑，论证乡村治理对于乡村振兴的重要价值。基于实践视角，通过对两个首批全国农村社区治理实验区——广西壮族自治区钟山县和富川瑶族自治县的实地调研，总结了两地乡村治理助推乡村可持续发展的主要经验。同时，介绍了全国其他地方若干农村社区治理实验区的典型经验。通过研究典型样本，希望发现我国乡村治理过程中存在的主要问题和制约因素，探寻乡村治理助推乡村可持续发展的新路径。

本书为进一步改善农村社区治理提供了理论借鉴和实践指南，可以作为从事乡村治理、乡村发展、乡村建设工作者的参考用书。

图书在版编目（CIP）数据

乡村社区治理与可持续发展研究 / 何红玲著. —北京：企业管理出版社，2022.8

ISBN 978-7-5164-2677-7

Ⅰ.①乡… Ⅱ.①何… Ⅲ.①农村社区－社区管理－研究－中国 Ⅳ.①D669.3

中国版本图书馆CIP数据核字(2022)第149947号

书　　名：乡村社区治理与可持续发展研究
作　　者：何红玲
责任编辑：杨慧芳
书　　号：ISBN 978-7-5164-2677-7
出版发行：企业管理出版社
地　　址：北京市海淀区紫竹院南路17号　邮编：100048
网　　址：http://www.emph.cn
电　　话：发行部（010）68701816　编辑部（010）68420309
电子信箱：314819720@qq.com
印　　刷：北京虎彩文化传播有限公司
经　　销：新华书店
规　　格：787毫米×1092毫米　16开本　12.5印张　220千字
版　　次：2022年8月第1版　2022年8月第1次印刷
定　　价：78.00元

前言

党的十九大报告指出，农业、农村、农民问题是关系国计民生的根本性问题，必须始终把解决好“三农”问题作为全党工作的重中之重，实施乡村振兴战略。2020 年 12 月，习近平总书记在中央农村工作会议中强调，从中华民族伟大复兴战略全局看，民族要复兴，乡村必振兴。加强和改进乡村治理，要以保障和改善农村民生为优先方向，围绕让农民得到更好的组织引领、社会服务、民主参与，加快构建党组织领导的乡村治理体系。

实施乡村振兴战略，是党中央着眼于社会主义现代化事业全局做出的重大战略部署，是决胜全面建成小康社会、全面建设社会主义现代化国家的重大历史任务，是新时代做好“三农”工作的总抓手。乡村振兴战略的总要求是“产业兴旺、生态宜居、乡风文明、治理有效、生活富裕”，其中，治理有效是实施乡村振兴战略的基础保障，只有实现乡村社区有效治理，才能扎实稳妥推进乡村建设、促进乡村发展，实现农业强、农村美、农民富的可持续发展目标。党和国家高度重视“三农”问题，也出台了各种支农惠农政策，近些年农村社区治理发展成效明显，但是还存在社区自治度不高、社区基础设施建设不完善、专业化和组织化程度低等问题。而高质量的乡村社区治理是实现美丽乡村和乡村振兴战略的重要保障。

2018 年 1 月 2 日，中共中央、国务院发布了《中共中央国务院关于实施乡村振兴战略的意见》(以下简称“意见”),“意见”对实施乡村振兴战略进行了全面部署。其中,明确了实施乡村振兴战略的指导思想,强调加快推进乡村治理体系和治理能力现代化,加快推进农业农村现代化,走中国特色社会主义乡村振兴道路,让农业成为有奔头的产业,让农民成为有吸引力的职业,让农村成为安居乐业的美丽家园。“意见”强调,乡村振兴,治理有效是基础。该文件构建了支持乡村社区治理发展的政策框架和行动指南,全国各地广大农村地区纷纷探索乡村社区治理的新路子。

本书基于社会学、政治学和经济学等学科视角,阐发乡村社区治理和可持续发展的相关理论,梳理我国乡村社区治理的政策演变及其逻辑,阐述乡村社区治理对于乡村发展、乡村建设及促进乡村全面振兴的重要意义和价值。特别是基于实践视角,选择全国农村社区治理实验区——广西壮族自治区钟山县和富川瑶族自治县进行实地调研,总结两县乡村社区治理主要经验和模式,并提出了借助社区治理推进乡村可持续发展的对策建议。此外,介绍了全国其他农村社区治理实验区的典型经验。通过研究,探索乡村社区治理之于乡村可持续发展的制约因素,初步揭示乡村社区治理与乡村可持续发展之间双向互动的规律性。

目录

第 1 章

绪　论

1.1 研究背景

党的十九大报告指出，农业、农村、农民问题是关系国计民生的根本性问题，必须始终把解决好“三农”问题作为全党工作的重中之重。实施乡村振兴战略，是党中央着眼于社会主义现代化事业全局做出的重大战略部署，是全面建设社会主义现代化国家的重大历史任务，是新时代做好“三农”工作的总纲领。乡村振兴战略的总体要求是“产业兴旺、生态宜居、乡风文明、治理有效、生活富裕”。其中“治理有效”是实施乡村振兴战略的基础保障，只有乡村治理有效，实现农业强、农村美、农民富才有扎实的基础。改革开放以来，乡村治理无论是在实践还是理论上都不断取得新进展，但与乡村振兴战略的总体要求相比还有一些差距。其中，乡村治理还存在自治度不高、基础设施不完善、专业化程度低、组织化程度低、标准化程度低、规范化水平不高等问题。

2018 年 1 月 2 日，中共中央、国务院发布了《中共中央国务院关于实施乡村振兴战略的意见》(以下简称“意见”)，“意见”对实施乡村振兴战略进行了全面部署。其中，明确了实施乡村振兴战略的指导思想，强调加快推进乡村治理体系和治理能力现代化，加快推进农业农村现代化，走中国特色社会主义乡村振兴道路，让农业成为有奔头的产业，让农民成为有吸引力的职业，让农村成为安居乐业的美丽家园。“意见”强调，乡村振兴，治理有效是基础。该文件构建了支持乡村治理发展的政策框架和行动指南，全国各地广大农村地区纷纷开始探索实践。

乡村治理是国家治理之中不可或缺的重要组成部分，是实现国家治理体系和治理能力现代化的基础工程。只有扎实推动乡村治理并使之实现现代化，才能更好地实现乡村治理体系和治理能力现代化。同时，也只有扎实推进乡村治理，才能够更好地动员一切积极力量推进乡村可持续发展，不断满足乡村美好生活的需要，建设生产发展、生活富裕、生态良好“三生有幸”的美丽幸福乡村。

调动一切积极因素发展农村、建设农村，一直是中国共产党的重要使命。中华人民共和国成立后，通过土地改革，农民成了土地的主人，农民的民主意识不断增强，当家做主意识不断提升，政治参与意识逐渐提高。特别是社会主义改造完成之后，广大农村在党支部、共青团、妇女会、农会等组织下，开始了社会主义乡村治理道路的探索。改革开放以来，随着改革的不断深入，中国乡村治理开始转型发展。尤其是随着家庭联产承包责任制的广泛实施，充分调动了农民的积极性、主动性和创造性，农民的政治参与能力得到提升。特别值得指出的是，改革开放后，在广西河池市屏南乡合寨村，出现了我国第一个村民委员会，当地群众率先在全国探索村民自治，首创村民自治的组织机构和制度，后来合寨村被誉为“中国村民自治第一村”。在合寨村，广大农民从民主选举、民主决策、村务监督等方面，持续深化村民自治，有效完善乡村治理，推动农村加快发展。近年来，合寨村不断完善“三治融合”的乡村治理新路子，一个富足平安美丽的新农村形象展现在世人面前。

实施乡村振兴战略，对乡村治理提出了更新更高的要求。毋庸置疑，通过四十多年的改革开放，中国社会获得了巨大的进步和发展，但相比于城市的快速发展，乡村发展还比较滞后；相比于城市治理的较大发展，乡村治理还比较滞后。在乡村治理过程中，我们还面临诸多困难和挑战，诸如“精英俘获”“分利秩序”以及农村基层治理“内卷”现象等。如何增强农村基层治理的自主权，如何更好地推动国家资源与农村基层治理有效整合，如何强化村民自治中的民主治理，如何提升乡村基层治理能力，或者说，如何通过资源下乡激活村民基层治理水平，进而不断推动乡村可持续发展，这是新发展阶段实施乡村振兴战略必须面对和解决的重大理论和实践课题。

1.1.1 乡村振兴战略的实施

改革开放以来，我国城市获得了巨大发展，并汇聚了大量的资本，创造了大量的工作岗位，也吸引了大量的农村人口流入城市。许多农村青年怀揣“城市梦”，坚信城市能改善生活，背井离乡，纷纷来到城市谋生。与此同时，农村人口外流，农村劳动力缺少，不少农村出现了“空心村”和“无人村”现象。只要广大农村还没有实现现代化，中国就不可能全面实现社会主义现代化强国的目标。

实施乡村振兴战略，必须把夯实基层基础作为固本之策，建立健全党委领导、政府负责、社会协同、公众参与、法治保障的现代乡村社会治理体制，必须坚持自治、法治、德治相结合，确保乡村社会充满活力、和谐有序。要推动乡村治理重心下移，尽可能把资源、服务、管理下放到基层。要继续开展以村民小组或自然村为基本单元的村民自治试点工作，不断加强乡村治理创新。可以说，乡村治理是基于政治、经济、文化、社会、生态协同发展的治理，是综合考虑生产、生活、生态、文化多种因素的治理，是一种全面、协调、可持续发展的治理。

2018 年 9 月，中共中央、国务院正式印发了《乡村振兴战略规划（2018—2022 年）》，对健全现代乡村治理体系、建设生态宜居美丽乡村进行了全面规划。2019 年 6 月，中共中央办公厅、国务院办公厅印发了《关于加强和改进乡村治理的指导意见》，对推进乡村治理体系和治理能力现代化、加强和改进乡村治理提出了明确要求。

乡村振兴战略的实施以及加强和改进乡村治理任务的提出，为新发展阶段乡村治理提供了根本遵循。那么，什么是乡村治理？本研究认为，所谓乡村治理，就是以乡村社区为主要区域的治理。乡村社区是一个地域综合体概念，这个地域综合体包含了政治、经济、文化、社会、生态等多方面的特征。现代的乡村治理，是一种谋求乡村治理与乡村可持续发展互动共进的新型治理。与城市不同，乡村发展在考虑社会和经济发展的时候，更要考虑自然因素，绝不能以牺牲自然环境为代价。或者说，乡村发展的理想状态，是人与自然和谐共生的状态；乡村发展是发挥自然环境独特优势所获得的经济社会发展，而经济社会发展是在保护自然环境之下所获得的可持续发展。这是一种真正践行人与自然和谐共生的可持续发展，是树立和践行“绿水青山就是金山银山”理念下获得的可持续发展。可以说，乡村治理是践行绿色发展理念前提下进而谋求乡村可持续发展的一种新型治理模式。

1.1.2 乡村治理的具体政策

2017 年 4 月，民政部印发了《民政部关于开展全国农村社区治理实验区建设的通知》（民发 [2017]67 号）（以下简称“通知”），“通知”强调要加强对党的领导、完善治理结构、提升服务功能、激发社会活力、健全发展规划等重大理论和实践问题深化探索，努力形成可推广、可借鉴、可复制的创新经验，为加强农村社区治理顶层设计提供政策参考。“通知”在群众自治机制建设、社区治理和安全机制创新、文化传承和弘扬机制建设、空间建设和运行机制创新、公共服务综合信息平台建设等方面提出了具体细化的目标，对于乡村治理的要求更加细化。“通知”旨在推动农村社区治理实验区和村小组治理实验区的发展、鼓励自治创新、增强群众基础，摸索出符合各地实际的村民自治有效形式，并在原有的实验范围基础上加入“自然村”，继续扩大实验区范围。全国共有 48 个单位被确认为首批全国农村社区治理实验区，实验时间从 2018 年 1 月至 2021 年 1 月，为期三年。其中包括广西的钟山县和富川瑶族自治县。

2018 年，广西出台了《中共广西壮族自治区委员会关于实施乡村振兴战略的决定》，在乡村治理方面提出要强化农村基层党组织领导核心地位、突出加强乡村法制建设、提高乡村自治德治水平、健全乡村便民服务体系以及加强平安乡村建设。此后，发布了《乡村振兴产业发展基础设施公共服务能力提升三年行动计划（2018–2020 年）的通知》，为进一步提升乡村振兴产业发展，推动农村基础设施，增强农村公共服务能力等进行部署。2021 年，又出台了《切实加强就业帮扶巩固拓展脱贫攻坚成果助力乡村振兴工作实施方案》（桂人社发 [2021]23 号），提出鼓励返乡入乡创业，促进人力资源顺畅有序流动，提供家门口就业机会，吸引人才回乡，助力乡村治理。

广西钟山县和富川瑶族自治县能够入选首批全国农村社区治理实验区，主要是前期积累了比较丰富的改革经验。乡村振兴需要重新整合资源，建立一套可持续发展体系，完善乡村治理。为此，贺州市先后就农村集体经济组织成员身份界定问题、自治县征地拆迁补偿安置问题、企业迁入县城问题、农村客运可持续发展等问题，制定了系列指导性的文件和具体的解决方案。钟山县历来高度重视农村经济发展，深入推进农村社区治理工作，积极探索农村社区治理机制，在促进多元主体参与农村社区建设、推进农村社区法治建设、改善农村社区人居环境等方面积累了比较丰富的经验，并打造了凤翔镇底村、珊瑚镇龙岩村、钟山镇杨岩村等一批生态乡村和农村社区建设示范典型。富川瑶族自治县统筹城乡一体化发展目标，积极探索推进农村社区治理社会化、自治规范化和服务标准化，将农村社区建设融入全县“一轴两园三区四业”发展布局，依托“生态休闲、瑶族文化旅游、新型民宿、产业观光”四个精品社区示范带建设打造的“田园社区综合体”。两县在农村社区治理方面，积累了丰富的实践经验，值得深入研究。

1.2　乡村治理研究述评

近年来，学者们结合我国国情，对于乡村治理问题进行了卓有成效的研究，对本研究中关于乡村治理与可持续发展互动共进问题的探讨具有重要的参考价值。

新中国成立以来，乡村治理模式主要经历了三个阶段：新中国成立初期农村社区（行政村）治理模式；计划经济时期逐步形成“三级所有，队为基础”的“人民公社”治理模式；改革开放以来“乡政村治”治理模式（韩喜平，2021）。有学者指出，传统社会向现代社会的转型历程中，我国农村社区及其治理经历了一个长期的历史发展进程。在不同的历史时期，农村社区及其治理呈现出与时代发展相适应的阶段性特征。各个时期的乡村社会发展与管理又是一个连续的有机体，共同构成了乡村社会的发展历史与管理发展脉络（李增元，2016）。乡村社会发展与管理演变脉络，既反映了农村经济社会发展变化对乡村社会发展与管理产生的影响，也体现了社会发展进程中的国家经济和社会结构的演变和调整。从乡村治理的主体来看，可分为官治模式与自治模式，但单纯的官治或自治难以协调国家政权和乡村社会的利益冲突，因此，现实生活中多是二者相结合的状态（苏敬媛，2010）。

20世纪80年代末到90年代初，中国经济社会发生了巨大转变，经济领域的改革开放步伐逐渐加快，其中最大的转变，是经济体制由计划经济体制向社会主义市场经济体制转型。在这种变化之下，许多学者开始将目光从宏观制度的研究转变为微观实践视角的研究（吴毅，2005）。由此，自下而上思考国家治理模式奠定了农村问题研究的基石，农村治理问题成为我国农村研究的热点。纵观现有的研究成果，从内容上看，围绕农村治理而展开的研究主要集中在村民自治与基层民主、乡镇政府与村民自治组织关系、社会组织参与农村治理等方面。徐勇（2013）认为，随着社会主义市场经济体制的建立和发展，随着政府体制改革的加快，农村治理结构应有创造性转变，并建立“县政、乡派、村治”治理结构。杨新荣（2019）提出了乡村治理的“四化”模式，即治理主体多元化、治理权力制度化、治理方式科学化、治理手段现代化。

对于农村治理的主体而言，其属性及行为选择对于农村社会治理有重要的影响，从农村治理主体切入，可以建立更直观的研究范式（狄金华，钟涨宝，2014）。何增科（2009）在《我国社会管理体制的现状分析》一文中指出，新中国成立以来我国社会管理体制主要分为四个阶段：第一阶段，1949 年到 1978 年，在农村建立了“议行合一”与“议政合一”的管理体制，人民公社成为当时农村治理的唯一权威主体；第二阶段，1978 年到 1992 年为传统社会管理体制变化阶段，国家放权，村民自治快速建立，农村社会治理主体多元化的萌芽开始出现；第三阶段，1992 年到 2002 年为现代社会管理体制奠定基础阶段，随着社会主义市场经济体制的建立，乡镇企业蓬勃发展，成为农村重要的治理主体；第四阶段，2002 年党的十六大后为现代社会管理体制自觉构建阶段，党和国家正式提出了“建立健全党委领导、政府负责、社会协同、公众参与的社会管理格局”①，农村治理主体多元化的趋势进一步增强。

随着农村城镇化、城市化进程的加快推进，我国城乡经济呈现一体化发展的趋势，大量外部因素进入传统的乡村社区，促使传统的乡村社区由过去的封闭和保守逐渐走向开放和进取，对于乡村治理多元化的需求逐渐迫切（钟坛坛，2022）。与此同时，乡村治理面临着许多问题和挑战，在农村治理主体方面，农村社会的人才流失严重，许多村落出现“空心化”。《中国乡村发展研究报告——农村空心化及其整治策略》一书指出，中国农村空心化问题日益加剧，农村人口大量流失，人口结构呈现老龄化比重大、留守家庭多、素质结构不均衡、治理流失严重的特征（刘彦随，龙花楼，陈玉福等，2012）。在 2021 年全面建成小康社会之后，在乡村振兴背景下，我国乡村绝对贫困问题已经消除，但仍然存在相对贫困问题，我国乡村仍然存在低收入人口占比较高、农村贫困程度多样化、人力资源匮乏、相对贫困的相对剥夺感依然存在等问题（项继权，2009）。

新型农村社区的出现是我国经济社会发展的必然结果。我国改革开放四十多年，伴随着经济的不断发展，中国的城市化进程也在不断加快，社会经济政治文化结构发生了翻天覆地的变化，城乡差别有所扩大，传

① 中共中央办公厅，国务院办公厅．中共中央关于加强党的执政能力建设的决定 [M]. 北京：人民出版社，2004.

统形态的广大乡村明显变迁，主要表现在：农民流动性日益增强，传统意义上的集体生产模式已不存在，农民的自主性和独立性逐渐增强；由于集体资源的缺乏和集体福利供给的减少，农民对集体的依赖关系趋于松散。同时，市场经济的改革及农村多种所有制和多种经营的发展导致农村中的利益分配体制明显改变，农民对自己的职业和身份认同不再固化，同质化的社区日趋多样化和异质化（项继权，2009）。农村迫切需要发展新的组织方式和生活形式，这就是新型农村社区。

乡村社区研究最先体现在社会学等领域，后逐步发展为多学科研究的态势（见图 1-1），广大学者对于其定义还没有统一的看法。但是，乡村社区这一概念已经成为各界学者的共识。学者们对于乡村社区的研究也越来越重视，2000 年以来国内外研究均呈上升趋势。尽管不同的专家学者可能对乡村社区有不同的理解，但可以确定的是，乡村社区既不是原来“村庄”的简单翻新，也不是众多村庄的重新组合，正如有学者指出，乡村社区是按照统一要求，在一定的期限内搬迁合并，统一建设的新的居民住房和服务设施，统一规划和调整的产业布局，组建成新的农民生产生活共同体，形成农村新的居住模式、服务管理模式和产业格局（喻新安，2013）。

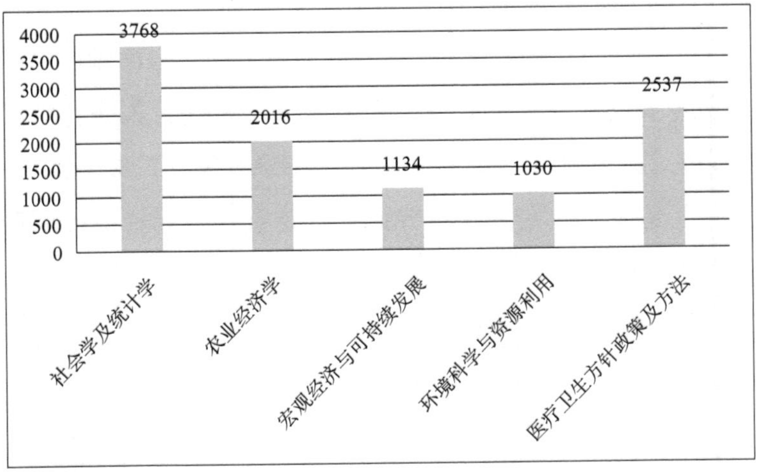

图 1-1 以“乡村社区”为主题的国内外期刊文献主要学科分布图

资料来源：中国知网。

随着时代的进步、乡村社区的发展，乡村社区所包含的元素日益丰富。社区治理社会化是多元要素协调共生的过程，包含了公民需求导向、社工专业化、社工机构组织和社区社会组织共生、培育社团领袖、撬动社会资本、协商民主机制创新和专业技术（陈伟东，张继军，2016）。社区治理社会化包含社会工作者、社会需求、社会组织、社会资源、社会机制和社会技术六大基础要素（陈伟东，许宝君，2017）。

本研究认为，农村社区治理社会化是指从原本封闭的、单一主体治理模式转变为开放的、多元主体治理模式的过程。农村社区自治规范化主要是指农村社区自治制度法治化、程序化的过程和社区成员依法依规管理社区公共事务的过程。农村社区服务标准化主要是农村社区服务包括基本公共服务标准化、规范化的过程。

中国乡村社会具有悠久的自治传统，家户经济、自然经济、血缘性村落共同体等因素，决定乡村社会主要依靠内生性力量进行自我治理（徐勇，2013）。然而，诞生之初的村民自治是满足基层治理之需，填补人民公社之后的治理空白，而非直接指向基层民主的探索（徐勇、赵德健，2014）。与此同时，也有研究指出，村民自治的研究正在经历从“民主选举”到“有效治理”的转移（付建军，2015）。贺雪峰和仝志辉（2002）认为，村民自治事实上就是一种民主化的村级治理。这种民主化村级治理所需要的村庄社会基础，来自于传统型社会关联和现代型社会关联。社会关联度的强弱，与村庄秩序有着极其密切的联系。另一方面，对于“三化”建设，大致分为三方面：一是整合不同资源，创新当前农村公共服务的供给机制，完善保障体系；二是进行“善治”，提高民众参与热情，加强村民自治组织建设，达到共同治理的格局；三是加强法制化建设，促进社会公平（成园园，李莉，王朋玉，2019）。但是，乡村治理的“三化”之路，仍然缺少可以普遍推广的经验。广大农村地区在治理体系与治理能力现代化进程中取得了一定成效，但总体水平还不高，治理基础、治理理念、治理方式、治理手段还存在着许多不适应的地方。

出现这些问题，很大程度上是推进乡村治理现代化建设过程中缺乏具体实施路径指引、无标可循的结果（韦鹏，2020）。

1.3 研究意义

通过借鉴国内乡村治理先进经验，结合学界研究成果，立足钟山县和富川瑶族自治县的典型案例开展实证调查，在这个基础上，提出对策建议，以期在理论研究和实践对策方面做出贡献。

1.3.1 理论价值

乡村治理研究是多方面、多领域的，本书重点研究两个问题：一是乡村治理中村民自治与可持续发展的关系问题；二是如何有效推进乡村社区治理社会化、自治规范化和服务标准化问题。

第一，乡村治理中村民自治与可持续发展的关系问题。在钟山县村民自治的典型案例中，本研究基于钟山县村民自治的现状，分析村民自治模式，结合村民自治成效研究村民自治与可持续发展的关系问题，以期拓展和丰富村民自治的研究成果。

第二，有效推进乡村社区治理社会化、自治规范化和服务标准化问题。在富川瑶族自治县乡村社区治理“三化”典型案例中，研究该县乡村社区治理社会化、自治规范化和服务标准化问题，把握“三化”的规律性及有效制度形成的关键因素。

1.3.2 实践意义

第一，实现乡村社区治理与可持续发展的双向良性互动。钟山县和富川瑶族自治县是全国首批农村社区治理实验区，本研究试图凝练并形成可推广、可借鉴、可复制的农村社区治理与可持续发展良性互动的创新经验，为其他地方加强和改进农村社区治理提供有益参考。

第二，探寻乡村社区治理社会化、自治规范化和服务标准化的有效路径，助推乡村全面振兴。通过总结富川瑶族自治县乡村社区治理社会化、自治规范化和服务标准化经验，为推动乡村社区治理方式的创新提供重要参考。

1.4 研究思路与研究方法

1.4.1 研究思路

本研究以广西壮族自治区钟山县和富川瑶族自治县为典型案例，围绕自然村或村民小组为单元的村民自治和农村社区治理社会化、自治规范化和服务标准化（即“三化”）等方面进行研究，突出问题导向，在总结其成功经验的基础上，针对问题、原因探寻解决问题的对策建议。

1.4.2 研究方法

一是文献分析法。通过有目的、有计划地收集相关文献资料，并进行系统分析整理，特别是对学者研究农村社区治理的文献资料进行分析、综合、比较、归纳，查找当前农村社区治理研究存在的短板和弱项，以便为本研究找到新的学术增项和学术研究突破口。

二是实地调研法。通过对钟山县和富川瑶族自治县农村社区的实地走访调查，对政府工作人员、基层社会组织成员、村民及其他人员等分别进行深度访谈，了解并记录他们对农村社区治理的所思、所想、所悟、所言等，掌握当前农村社区治理已形成的经验及待解决的主要问题，以获取理论研究的第一手资料。在研究过程中，让数据说话，让事实发言，增强本研究的时代感、田野感。

第 2 章

乡村治理与可持续发展理论概述

乡村治理历来是国家治理的重中之重。二十一世纪，农村仍是中国亟待发展的最大区域，农业仍是中国发展的短板，农民仍是最重要的群体。中国共产党一直坚持用大历史观来看待农业、农村、农民问题，并强调要加强和改进乡村治理，以保护和改善农村民生为优先方向，围绕让农民得到更好的组织引领、社会服务、民主参与，加快构建党组织领导的乡村治理体系。

2.1　基本概念

2.1.1　新型农村社区

“任何社会秩序的维系，都离不开社会治理”（黄海，2020）。在中国，乡村治理一直是一个重要话题。进入新时代，乡村治理既是我国整体社会治理的重要组成部分，也是关系着国家治理体系和治理能力现代化的重点内容。

新型农村社区是我国农村社区不断转型的最新形态。有学者指出，目前国内对于新型农村社区存在两种解读。一种观点认为，新型农村社区是农村居民点的升级版，也就是在城乡统筹的基础上，统一规划迁并整合村庄组建而成的新型农民生产生活共同体。另一种观点认为，新型农村社区是城乡居民共享的城镇型居民点。一般来说，我国新型农村社区是指打破原有的村庄界限，把两个或两个以上的自然村或行政村经过规划而搬迁合并，通过建设统一住房、设施，调整产业布局，组建而成的新型农民生产生活共同体（亦称“中心村”），是新型城镇化进程中，通过合村并居发展起来的，兼具传统农村与现代城市双重属性的新型社区形态，是农村基层社区治理主体结合自身发展需要进行的实践探索创新（刘海健，2021）。

新型农村社区“新”在什么地方？我们认为有两个方面的“新”。一是相对于城市社区而言的农村社区。“社区”的概念源自德国社会学家斐迪南·滕尼斯，指的是“聚居在一定地域范围内的人们所组成的社会生活共同体”，后逐渐演变为城市居民居住地的专有名词。而这里所谓的新型农村社区，已经打破了“社区”专属城市的惯例。二是新型农村社区不同于社会主义新农村。新型农村社区是区别于社会主义新农村的新形态。或者说，社会主义新农村是新型农村社区的初级形态，而新型农村社区是社会主义新农村建设的创新发展形态。

新型农村社区主要有以下几个方面的特征。

第一，居民人口结构复杂化。新型农村社区一般是由多个村庄整合规划而成，所以在规模上一般大于原先的农村社区，规模较大的新型农村社区人口上相当于一个中心镇，规模较小的新型农村社区人口上相当于一个大村庄。

第二，基础设施完善化。虽然新型农村社区还不完全等同于城市，但是有着与城市基本一致的水电供应、通信网络、购物娱乐等各个方面的基础设施，这些基础设施为社区居民提供生活便利。

第三，公共服务设施齐全化。相比较于传统农村社区，新型农村社区在文化教育、医疗卫生、就业保障、福利待遇等方面得到了大幅提升，基本实现城市化。

第四，社区治理多元化。传统农村社区治理主体是党支部和村民委员会，而新型农村社区不仅有社区基层党组织和社区管理委员会，还有各种各样的经济合作组织、社区公益组织、社区协会组织等社区治理主体。

第五，社区居住环境优美化。新型农村社区更加注重村容村貌的整治和环境的美化绿化，尤其是对垃圾和污水的处理，一般都有专门的处理设施。新型农村社区道路硬化、环境美化、生活洁化、路灯亮化，可以说环境优美、宜居宜业。

2.1.2 乡村治理的主要模式

1.“三治融合”乡村治理模式

这里的“三治融合”主要指在乡村社区治理过程中实现自治、德治与法治三者相互交融，共同推进乡村治理体系现代化。

2013 年，浙江省桐乡在全国范围内率先推出“以自治为本、以德治为基、以法治为要”的三治融合建设，通过不断提高村民自主参与意识来完善村民自治发挥优秀传统文化感召作用，利用乡贤治村来体现德治价值，加强村民懂法守法用法理念，推进乡村法治等三项举措，促进乡村社会的进步与发展。三种治理方式相互糅合、融会贯通，形成了“大事一起干、好坏大家判、事事有人管”的基层社会治理新格局。

2018 年 11 月 12 日，中央政法委、中共浙江省委在“枫桥经验”发源地绍兴市联合召开的纪念大会上强调，要坚持把自治、法治、德治作为根本方式，努力构建基层社会善治体系，不断增强人民群众获得感、幸福感、安全感。

党的十九大报告指出：“加强农村基层基础工作，健全自治、法治、德治相结合的乡村治理体系”，并将其纳入乡村振兴战略计划，肯定“三治融合”是实现乡村善治的有效路径。

浙江大学郁建兴（2015）认为，“三治融合”中，“自治是目标、德治是基础、法治是保障”，通过自治、法治与德治三者的相互支撑与彼此促进，形成“一体两翼”的治理模式，共同解决社会问题，达成乡村社区共治共建共享的新局面。杨琴（2017）认为，“自治、德治与法治”分别代表乡村治理的“目的、基础与保障”，三者共同构建了新的乡村治理模式，更好地推进实现乡村善治目标。姜晓萍等（2018）认为，“三治融合”不是三种治理方式的简单平行与直接合并，要将“融”的内生逻辑与“合”的内在关联放在乡村社会治理的大池子里，追求自治、德治与法治之间的良性互动。马彦涛（2018）认为，“自治是基础、法治是保障、德治是内核”，三维度共生并存构成三治融合治理体系。郁建兴（2018）也认为，“三治融合的具体要求就是要形成我中有你、你中有我、相互交融的治理实施载体，在实践过程中要做到在自治中体现法治与德治，在法治中体现自治与德治，在德治中体现自治与法治。”

2. “村民自治”乡村治理模式

《中华人民共和国村民委员会组织法》第一章“总则”中明确指出，村民自治是“由村民依法办理自己的事情”，“村民委员会是村民自我管理、自我教育、自我服务的基层群众性自治组织。”村民自治是依法自治，是在中国共产党领导下的基层群众自治。在农村公共事务和公益事业的建设和管理上，《十八大以来重要文献选编：上》中提到：“农村党支部在农村各项工作中居于领导核心地位”[①]。村民根据宪法和法律开展自治活动，行使人民当家做主的民主权利。村民自治是中国农民从农村实际出发的伟大创造，是社会主义民主最为广泛的、极具中国特色的伟大实践，是坚持党的领导和尊重人民主体地位的有机统一。

从词义上来说，村民自治是由“村民”和“自治”组合而成的综合性概念。“村民”一词较好理解，即农村居民，是指居住、生活和户口在法定村建制区域里的公民。“自治”即自我管理，自己处理自己的事务。在宪法体制中“自治”，有民族区域自治，香港、澳门特别行政区的高度自治和基层群众自治。村民自治属于基层群众自治范畴。在这个自治系统中，村民是自治的主体，自治是村民活动的管理形式，民主是村民自治的核心。

村民自治在本质上是一套基层治理的模式。从主体上看，广义来说，村民自治主体包括村党支部、村委会、村民小组和村民；从地域范围上看，村民自治的管辖范围是村民所在的自然村，即自然村落划分的居住单位；从内容上看，村民自治主要处理的是自然村的公共事务和公益事业。换而言之，即是维护农村政治稳定，推动经济增长，振兴乡村文化，

① 中共中央文献研究室 . 十八大以来重要文献选编：上 [M]. 北京：中央文献出版社，2014.

保护生态，为满足村民的美好生活需要而推行的自治。从自治方式上看，村民自治实行的是“民主选举、民主决策、民主管理、民主监督。”从自治目的上看，就是建设“产业兴旺、生态宜居、乡风文明、治理有效、生活富裕”的新乡村。基于此，本研究将村民自治的概念定义为，村民通过发挥自身主体作用，依法解决涉及自身利益的事务，在自我管理、自我教育和自我服务中行使自身的民主权利，实现当家做主的治理形式。

3.“三化融合”乡村治理模式

（1）农村社区治理社会化

农村社区治理社会化是一个复合概念，主要由农村、社区、治理、社会化这几个概念组成。关于社区的定义，社区一词最早见于滕尼斯《共同体与社会》一书中。2000 年中共中央转发的《民政部关于在全国推进城市社区建设的意见》将“社区”明确界定为“聚居在一定地域范围内的人们所组成的社会生活共同体”，中国的村庄、自然村、行政村就是社区，社区主要由一定的人群、地域、生产和生活设施、社区意识和一定特色的文化组成。

关于治理的定义，全球治理委员会认为“治理是或公或私的个人和机构经营管理相同事务的诸多方式的总和。它是使相互冲突或不同的利益得以调和并且采取联合行动的持续的过程”[①] 这是学界目前对治理具有较高权威性的阐释。“社会化”一词在《辞海》中被解释为，个人参与社会生活，通过互动习得知识技能和行为规范成为一个社会成员的过程，即从自然人发展成为社会人的过程。而在本研究中，社会化主要是指社区治理主体和方式社会化。社区治理是指政府行政组织、社区组织及社区居民等多元主体共同管理社区公共事务的过程。社区治理手段多样，可分为动态和静态两个方面，动态方面如促进社区全面协调可持续发展，静态方面如有效运用和整合社区各种资源。农村社区治理是指在农村社

① 俞可平. 治理与善治 [M]. 北京：社会科学文献出版社，2000.

区治理范围内，坚持党的领导，发挥政府职能，协同社区组织、农民等多元主体共同管理社区公共事务的过程。农村社区治理主要包括社区文化教育、社区治安、社区环境、社会保障、医疗卫生等方面内容。本研究认为，农村社区治理社会化是相对于传统农村社区治理由政府一元主导而言，是在农村地域范围内，在党的领导下，由政府行政组织、社区组织、农民及其他主体共同管理社区公共事务的过程。农村社区治理社会化过程实际上是社区的多元治理，其目的是变政府一元主体为社会多元主体参与，调动社会各方力量，引入各类社会组织参与社区治理，优化社区秩序，满足社区需求，最终实现农村社区治理有效、农民满意。

（2）农村社区自治规范化

《布莱克维尔政治学百科全书》对“自治”是这样界定的：自治是“指某个人或集体管理其自身事务，并且单独对其行为和命运负责的一种状态”。社区自治是社区成员通过民主协商达成共识，协同管理社区公共事务的过程，是社区实现了自我管理、自我教育、自我服务的状态。在社区自治过程中，社区组织及个人通过自我管理、自我教育、自我服务，有利于加强对社区公共事务的管理与服务，能够实现良好的社区自治状态。农村社区自治是指在农村一定地域范围内，在没有外部力量强制性干预的情况下，社区成员基于共同生活需要，合作管理社区公共事务的过程。这里的社区自治与传统的村民自治有所区别，它具有包容性、开放性等特征。“规范化”的含义是指使事务的运行和发展合于一定的规范、标准。

基于以上概念分析，本文探讨的农村社区自治规范化，是指在农村一定地域范围内，社区成员共同促进社区制度规范化，依法依规管理社区公共事务，从而达到法治化、制度化、程序化、标准化的过程。农村社区自治规范化的内容既涉及村民参与社区治理各项制度建设，也涉及社区自治主体行为与互动关系的制度规范，如自治章程规范化、工作绩效评价制度规范化、联席会议制度规范化、社区建设人事制度规范化、志愿服务和群众团队建设制度规范化、协助行政事项管理规范化等内容。

规范化是农村社区自治组织正常运行的基础，推进农村社区自治规范化是为了促进农村社区自治发展，提高农村社区自治的科学化、法治化、标准化水平，保证村民在社区自治和社会生活中当家做主。

（3）农村社区服务标准化

我国学界对社区服务的概念界定不尽相同，有的学者由于受到西方早期福利主义思想影响，认为“福利性和公益性是社区服务的本质属性”，社区服务是指在政府主导下，“通过调动社区内外的各种资源而进行的福利性服务”，并强调这是“今后发展社区服务的根本之所在”[①]。2006年国务院下发的《关于加强和改进社区服务工作的意见》对社区服务的概念做了明确界定，即社区服务是“政府、社区居委会以及其他各方面力量直接为社区成员提供的公共服务和其他物质、文化、生活等方面的服务”。同年，国务院公布的《“十一五”社区服务体系发展规划》对社区服务内容进行了阐述，即社区服务内容主要包括“社区就业服务、社区社会保障服务、社区救助服务、社区卫生和计划生育服务、社区文化教育体育服务、社区流动人口管理和服务、社区安全服务等”。为此，农村社区服务是指在农村一定地域范围内，政府、村委会、社区组织等其他社会各方力量直接为社区成员提供的公共服务和其他物质、文化、生活等方面的服务。

“标准”一词最早见于工业管理，随后被广泛应用到社会管理领域，在《标准化工作指南》一书中，“标准化”被定义为“为了在一定的范围内获得最佳秩序，对现实问题或潜在问题制定共同使用和重复使用条款的活动”。根据社区服务及标准化的定义，本研究探讨的农村社区服务标准化，是指以农村社区为单位和对象，制定农村公共服务和其他物质、文化、生活等方面的统一管理办法、政策体系和服务标准，其根本属性在于统一性、标准性、规范性。推进农村社区服务标准化的最终目的，

---

① 徐永祥．论社区服务的本质属性与运行机制[J]. 华东理工大学学报（社会科学版），2002（04）：50-54.

是向社区成员提供更加优质的服务，推进城乡一体化发展，实现乡村振兴目标，化解农村社区服务发展的突出矛盾，增强服务的针对性、专业性、有效性，满足农民不断增长的服务需求。

2.1.3　可持续发展

“可持续性”一词在 1972 年最早出现在英国，1974 年在美国开始使用，1978 年则引入了联合国文件（Kidd C V，1992）。此后，可持续性与可持续发展的概念很快被广泛使用，被逐渐应用到了气候变化、食品、能源、教育、城市、景观生态等各个领域，并给出了多种不同的定义。

1987 年，世界环境与发展委员会（WCED）在出版《我们共同的未来》一书中正式提出了可持续发展模式的概念及定义，即“既满足当代人的需求，又不损害后代人满足需要的能力的发展”，认为可持续发展的目标就是要寻求人类需求与环境整体之间的平衡。[①]

英国经济学家巴比尔从经济学角度把可持续发展定义为：“在保持自然资源的质量和提供服务的前提下，使经济净利益增加到最大限度”[②]。该定义强调在提高环境保护资源品质与数量的前提下，以实现企业整体经营净利润利益的最大化，其关键目的则在于把对环境污染与生态破坏的补偿费，转移作为环境保护资源与生态基础建设。这个概念并没有明确代际间的经营利益关系。虽然当代人已经获得了最大限度的经营净利润利益，但也不能损害后代人的经营利益。从生态学角度来看，依据生态系统的可持续性，未来社会可持续发展需要遵守生态学三个方面定律：一是高效原理，也就是高效合理开发的资源以及重复利用的废弃物；二是和谐原理，也就是生态系统内各结构的融洽共生、协同进化；三是自我调节原理，也就是协同的演变过程并非关注外部的掌控或者结构的纯粹增加，而是侧重于内部各

① Wu J G. Landscape sustainability science：ecosystem services and human well-being in changing landscapes[J].Landscape Ecology，2013（06）：999-1023.

② Barbier E B. The Concept of Sustainable Economic Development[J]. Environmental Conservation，1987，14（2）：101-110.

方面自我调节特征的完善和持续性。从人口承载力角度来看，由于世界人口的增加，粮食生产、工业发展、资源消耗和环境污染将会成指数级增加，而地球本身的修复力有一定限度，故人口数量尤其是特定数量的人口经济活动需要维持在一定的范围内，不然势必会威胁人类的可持续发展。由此可见，关于可持续发展理论的概念定义是多方面的。本文通过梳理不同学者关于可持续发展的概念，大致归纳为 4 类（见表 2–1）。

表 2–1　不同学者对可持续发展做所的概念界定（以一部分学者为例）

研究学者	概念定义	研究方向
戴维·皮尔斯，杨文进，刘思华	当代人在发展经济过程中必须保持自然资源的质量和数量，并在满足当代人经济发展的需要时必须考虑后代人经济发展的需要，使后代人拥有和当代人同样的资源基础、发展机会和福利产出。	经济可持续方面
世界环境与发展委员会（WCED），Brown	在生存于不超出维持生态系统涵容能力之情况下，改善人类的生活品质。	社会可持续方面
胡聃，Tivy J，Conway G	当人类开发利用资源的强度和排放的废弃物，没有超过资源生态经济及环境承受能力的极限时，既能满足人类对物质、能量的需要，又能保持环境质量，给人类提供一个舒适的生活环境。	生态可持续方面
Jamm G，李建华，周胜军	可持续发展就是转向更清洁、更有效的技术——尽可能接近“零排放”或“密封式”，工艺方法——尽可能减少能源和其他自然资源的消耗。	科技可持续方面

资料来源：中国知网。

2.1.4　乡村可持续发展

乡村可持续性是一个综合性概念，对其理解涉及经济、环境、政治、社会等多个层面[①]。除了可维系的生物物理环境以外，乡村可持续性还应该构建在乡村生态经济的基础之上，即各种经济活动以可持续的方式利

① Smit B，Brklacich M. Sustainable development and the analysis of rural systems. Journal of Rural Studies，1989，5（4）：405–414.

用不同形式的环境资源[①]。与此同时，乡村社会结构的维持和调节也很重要[②]，因此，乡村可持续性也可以理解为是一个不断寻求发展策略以维系和构建健康、有吸引力乡村社区的过程[③]。

基于可持续性的“三重底线”“强可持续性”及“人类福祉”观，本研究在此提出一个更加宽泛而清晰的定义。首先，乡村可持续性同时涵盖乡村环境、经济与社会三个维度。对于每个维度而言都有着其独特的表征，也就是“乡村性”。自然景观、朴素的农民、农业与农业活动、具有地方特色的农产品、田园生活、传统的文化习俗等，都是乡村区别于城市所具有的乡村性[④]。乡村可持续性强调乡村性的可持续，同时更加强调建立在乡村性基础之上的乡村功能的可持续性，即乡村地域为人类提供的各种供给与服务的能力与状态，包括居住、农产品供给、文化、生态等功能。它不仅要满足当代居民的需求，同时还要求持 续为后代居民提供产品与服务；不仅满足乡村居民的需求，还包括为乡村以外的城市地区提供农产品、开敞空间、文化体验等方面的产品与服务。

2.2　理论基础

2.2.1　社区治理理论

美国政治学家 J.N. 罗西瑙是治理理论的主要创始人，他在《没有政府的治理》一书中指出，治理属于规则体系的一种，是通行于规制空隙

① Kitchen L C，Marsden T.Creating sustainable rural development through stimulating the eco-economy：Beyond the ecoeconomic paradox?[J].Sociologia Ruralis，2009，(03)：273-294.

② Barbier E B. The Concept of Sustainable Economic Development[J]. Environmental Conservation，1987，14（2）：101-110.

③ Bryant C，Granjon D.Rural sustainability Human Settlement Development[M].Oxford：Eolss Publishers，2020.

④ Cloke P.Conceptualizing rurality Cloke P，Marsden T，Mooney P. Handbook of Rural Studies[M]. London：SAGE Publications，2006.

之间的那些制度安排。霍尔斯蒂认为，治理在一定意义上就是秩序加上某种意向性。星野昭吉认为，治理的本质是一种非暴力、非统治的治理机制。库伊曼和范·弗利埃特认为，治理所要创造的结构或秩序不能由外部强加。全球治理委员会认为，"好的治理"有"政府负责、透明公开、反馈及时、平等包容、舆论导向、公众参与、遵守法律、效能并存"等特征。俞可平认为，现代国家治理体系共由三个子系统所组成，包括市场治理、政府治理及社会治理，并指出协调、高效、民主、法治以及公共权力运行的规范化与制度化是现代国家治理体系所必须要具备的五大要素。

本研究认为，治理就是指一种新的统治模式和管理模式，是通过多元主体共同协商、合作所形成的新的统治架构，这些多元主体既包括政府，也包括社区组织、民间互助组织、志愿团体等，这些多元主体共同组成一个自主自治的网络体系，结成一种合作协商关系，共同管理公共事务、处理共同事务。

德国社会学家滕尼斯开启了社区研究的先河。他认为社区不同于一般意义上的社会，它是一个小型的区域性社会，主要指在一定地域范围内的人们，生活在同一个环境下，享受同样的公共服务，接受同样的管理，进而形成一个社会生活的共同体。农村社区治理主张通过农村社区居民在与社区、村委会、农村组织以及社会等外在因素互动的过程中提高应对生活的能力。本研究所指社区治理，主要有以下几个方面的特征：一是治理主体多元化。在党的领导下，包括社区内的企业、社会组织等主体，通过协商、合作，共同处理公共事务；二是治理目标多样化。包括调动社区居民参与乡村发展等公共事务的积极性，解决社区治理存在的各种问题等；三是内容丰富性。事关社区居民切身利益，包括乡村环境整治、乡村综合治理、乡村文化活动、乡村志愿服务、乡村社会救助等丰富内容；四是协调互动化。社区治理主体之间主要通过协商合作、协同互动共同推进社区治理的有序开展。通过乡村社区治理，助推乡村生产发展，助力实现乡村共同富裕，推动乡村文化发展，实现乡风文明，推进乡村环境整治，建成美丽乡村。

2.2.2　新时代乡村治理思想

1. 党对乡村治理的集中统一领导思想

十九大报告中指出，“坚持党对一切工作的领导。党政军民学，东西南北中，党是领导一切的。”在乡村振兴过程中，习近平反复强调村级党组织的重要性，将其视为乡村治理的核心力量。在宁夏考察时，习近平指出“一个村子建设得好，关键要有一个好的党支部”①，简明扼要地点出了党支部在乡村治理中的地位。在党支部和其他各种自治组织的关系上，习近平强调，“党支部是领导核心，这一格局只能坚持和完善，不能动摇或削弱。”② 村级党组织作为乡村治理的核心，其根本原因在于只有中国共产党代表了最广大人民群众的根本利益。也因此，习近平指出，“村民自治是党的领导下的自治，村民自治不能脱离党组织的领导，不能把村民自治与党的领导对立起来。只有依靠党的领导，才能真正体现村民的意志，才能实现村民自治，才能保证村民自治沿着健康的轨道不断发展。”③ 在农村改革座谈会上，习近平强调，“要把农村基层党组织建设成为落实党的政策、带领农民致富、密切联系群众、维护农村稳定的坚强领导核心。”④ 坚持党的领导可以有效制约乡村发展中出现负面因素，保证乡村社会持续健康发展，因此，坚持党的领导作为乡村治理的核心这一点绝不能动摇。习近平在与河南乡村干部座谈时指出，“选好班子和带头人很重要，乡镇岗位锻炼人，你们要同乡亲们一起苦干实干，练就金刚不坏

---

① 党建网 . 习近平勉励第一书记 [EB/OL].（2020-08-10）[2022-01-14].

② 习近平 . 摆脱贫困 [M]. 福州：福建人民出版社，1992.

③ 同上 .

④ 人民日报 . 加大推进新形势下农村改革力度　促进农业基础稳固农民安居乐业 .[EB/OL].（2016-04-29）[2022-01-14].

之身。”之前，习近平曾强调“要完善各项村级民主管理制度，特别是选好、用好、管好村两委带头人，为农村改革发展稳定提供有力保障。”[①] 在党的十九大报告中，习近平再次强调要“培养造就一支懂农业、爱农村、爱农民的‘三农’工作队伍。”[②]

2. 自治、法治、德治相结合的“三治融合”思想

在党的十九大报告中，首次针对乡村治理问题提出“加强农村基层基础工作，健全自治、法治、德治相结合的乡村治理体系。”[③] 健全自治、法治、德治“三治融合”思想，是新时代实现乡村振兴战略的必然要求。习近平关于乡村“三治融合”的思想，对于实现乡村善治和推动乡村治理现代化具有深刻的现实意义。乡村“三治融合”思想是一个互相支撑的整体。在乡村治理中实行村民自治，是我国民主政治在乡村治理领域的制度安排，是整个乡村治理体系的核心。没有自治，法治和德治就无从谈起。法治是健全乡村治理体系的应有之义。乡村治理中的村民自治，应该成为法治基础上的自治。自治需要法治来提供保障，成为自治的坚强后盾。只有法治到位，才能保障乡村社会的稳定，才能保障乡村治理主体充分发挥作用。德治是健全乡村治理体系的精神动力和智力支持，通过将德治融入自治和法治之中，可以树立道德规范和模范的作用，强化乡村社会底线，使自治更加顺畅，使法治更加有针对性，最终达到乡村治理成果事半功倍的效果。

3. 共治共建共享的乡村社会治理思想

党的十九大报告中提出，要打造共建共治共享的社会治理格局。[④] 要提高社会治理社会化、法治化、智能化、专业化水平。要加强社区治理

---

① 陈二厚，王宇．中央农村工作会议在京召开 [N]. 人民日报，2014-12-24（001）.

② 习近平．决胜全面建成小康社会，夺取新时代中国特色社会主义伟大胜利 [M]. 北京：人民出版社，2017.

③ 同②.

④ 同②③.

体系建设，推动社会治理重心向基层下移，发挥社会组织作用，实现政府治理和社会调节、居民自治良性互动。从十八届五中全会强调构建全民共建共享的社会治理格局，到党的十九大提出打造共建共治共享的社会治理格局，体现了中国共产党社会治理理念的与时俱进，也体现了新时代广大人民群众对社会治理的新需求和新要求，从根本上为乡村治理和乡村可持续发展指出了新道路。

坚持以人民为中心，是打造新时代共建共治共享的乡村社会治理格局的价值取向。打造新时代共建共治共享的社会治理格局，必须坚持人民主体地位，坚持共建是基础，共治是关键，共享是根本。加强和创新乡村社会治理，要以共建共治共享为基本原则，从保障和改善民生做起，在体制机制、法律政策上系统谋划，做出更有效的制度安排，将乡村治理的重心下移，将更多的政策、资源和人才向基层倾斜，使共建和共治充满活力。

第 3 章

农村社区治理实验区与乡村可持续发展：以钟山县村民自治为案例

村民自治制度是我国的一项重要政治制度。巩固、发展和完善村民自治制度，提高农村自治能力，是农村工作的重难点之一，也是乡村振兴背景下实现农村可持续发展的必然趋势。为贯彻落实《中共中央国务院关于加强和完善城乡社区治理的意见》和中共中央办公厅、国务院办公厅《关于深入推进农村社区建设试点工作的指导意见》，完善农村社区治理机制，扩大农村公共服务供给，2017年4月，民政部印发《关于开展全国农村社区治理实验区的通知》，决定开展“全国农村社区治理实验区”建设工作。同年12月，广西壮族自治区钟山县被确定为首批全国农村社区治理实验区，开展主题为“进一步拓展村民自治体制机制，注重建设自然村或村民小组一级的村民自治群众组织”的农村社区治理建设工作。自被确立为实验区以来，钟山县找准政府管理和村民自治的结合点，改革创新，开拓进取，深入推进农村基层服务，不断完善村民自治管理内容，提高农村治理工作质量，顺利开展农村治理建设工作。

为进一步创新村民自治体制机制，推进自然村或村民小组一级的村民自治，本研究围绕农村社区治理与乡村可持续发展互动共赢问题，以钟山县村民自治为案例，研究钟山县农村社区村民自治的开展情况，以及村民自治对乡村可持续发展的作用。钟山县以村民小组或自然村作为村民自治基本单元推进村民自治，更好地动员全体村民参与乡村振兴，提高了村民共同建设乡村的凝聚力，助推了乡村各项事业的可持续发展。同时也要看到，在试点建设持续向好发展的过程中仍然存在着村民自治体制不健全、村民自治机制不完善、农村社区集体经济保障性较差、村民参与自治积极性仍不足、基层自治组织权责未理顺等问题。在未来的村民自治建设过程中，仍需要继续建立健全村民自治的体制机制；坚持党的领导、依法治理与村民当家做主三者的有机统一，建立多样化的村民自治组织载体，理顺基层各组织的权责关系，建设结对帮扶与自助互助的服务体系；推进乡村基层数字化治理。

3.1　全国农村社区治理实验区钟山县概况

钟山县位于广西壮族自治区东北部，隶属于广西壮族自治区贺州市，处于广西、广东、湖南的交界地带，自古有“两粤要冲，三湘入桂门户”之称。县境内有国道 323 线、桂梧高速公路、贵广铁路、永贺高速公路横贯其中，是西南地区东进粤港澳最便捷的出海通道。

钟山全县总面积 1472 平方千米，下辖钟山镇、清塘镇、公安镇、回龙镇、同古镇、红花镇、燕塘镇、凤翔镇、石龙镇、珊瑚镇、两安瑶族乡、花山瑶族乡，共 10 个镇、2 个瑶族乡、3 个社区、113 个行政村。各乡镇因地理环境、历史传统与风俗习惯的不同，具有不同的发展规模与各具特色的产业与文化（见表 3–1）。第一大镇钟山镇有全县最多的工业企业，基本形成一村一品的乡村特色经济格局；农牧大镇清塘是全县重要的水果、优质烤烟、无公害蔬菜生产基地，也是全县有名的猪仔、肉猪生产基地，桂柳鸭养殖基地；公安镇交通便利，道路畅通，国道 323 线横贯东西，桂梧高速公路从镇边经过；回龙镇风光秀丽，人杰地灵，有历史悠久的龙道古民居与狮子庵佛教文化旅游景点，有较为丰富的锰、硅等矿产资源，是钟山县规划建设的区域中心镇和民营企业基地；红花镇经济以农业为主，因地制宜打造农业特色品牌，红花大米享誉区内外，红花油茶是中国茶文化中的一朵奇葩；燕塘镇有贺州西大门之称，交通便利，区位优势明显，是钟山县革命老区，“自治区文明村镇”；凤翔镇积极开展水利基础设施建设，全镇所有农田基本成为保水田，开发了众多各具特色的经济作物；石龙镇名胜古迹众多，当地积极保护具有历史文化特色的文化景观，被列为自治区文物保护单位的有石龙古桥、石龙古戏台、飞龙岩、鸳鸯岩等；同古镇是传统农业镇，气候温和、雨量充沛，有山塘水库 82 座，总库容 1065 万立方米，是全县的主要蓄水池；珊瑚镇矿产资源丰富，镇内企业主要为矿产企业，根据当地特色而打造的珊瑚矿，其夜景异常美丽；两安瑶族乡大力发展农村特色经济，开发并培育了多种经济作物，重点保护与宣传的莲花古戏台如今已成为钟山瑶乡的标志性建筑；花山瑶族乡矿产资源丰富，镇内花岗岩、稀土、锡等矿产资源丰沛，是钟山县以采矿及加工制造为主的第二产业的主要原料产地。

表 3–1　钟山县 2020 年末各乡镇概况

乡镇	面积（km^2）	户籍人口（万人）	社区（个）	行政村（个）	企业（个）	规模以上企业（个）	$50m^2$ 以上综合商店（个）
钟山镇	229.56	10.62	3	21	89	19	48
清塘镇	184.20	5.70	0	17	29	–	21
公安镇	136.20	5.88	0	15	18	2	47
回龙镇	86.00	4.60	0	10	19	6	49
同古镇	116.65	2.93	0	9	3	–	3
红花镇	94.21	2.34	0	7	10	1	3
燕塘镇	114.05	2.75	0	7	64	19	15
凤翔镇	74.08	3.24	0	6	–	–	100
石龙镇	61.93	3.26	0	5	75	–	10
珊瑚镇	42.77	1.87	0	4	5	1	6
两安瑶族乡	140.37	1.80	0	6	16	–	31
花山瑶族乡	188.29	0.82	0	6	26	2	2

注：规模以上工业企业指年主营业务收入 2000 万元及以上的工业企业。
资料来源：《中国县域统计年鉴 2021（乡镇卷）》。

3.1.1　地理环境

1. 地形地貌

钟山县地形复杂多样，有平原、丘陵、盆地和山地。它地处萌渚岭与都庞岭两大山脉的西南方位，东、北、西及西南均为山地地形，地势北高并向东南及西南倾斜，构成丘陵石山和中间低陷的盆地，导致冷空气易进缓出，属桂东北山间盆地谷地岩溶地貌区。

2. 气候特征

钟山县属亚热带季风气候，但由于地处北回归线偏北约 1 度的热带和亚热带季风气候的特殊过渡地带，因此兼有两者特征，形成了四季分明，春短夏长，寒暑相宜，温凉合度；雨热同季，光热充足，降水丰富；春迟秋早，夏涝秋旱，冬干春湿，雨水不均的气候特点。

3.1.2　自然资源

1. 土地资源

钟山县土地总面积 147182.82 公顷，各类用地较为均衡，其中主要用地有耕地、园地、林地、草地、城镇村及工矿用地、交通运输地等，见表 3–2 所示。

表 3–2　钟山县 2020 年各类土地用地情况

用地类型	面积（公顷）
林地	79602.11
耕地	37666.68
草地	4565.94
园地	4092.19
交通运输地	2076.84
城镇村及工矿用地	6279.71
水域及水利设施用地	4383.22
其他土地	8516.13

资料来源：钟山县国土局。

2. 水资源

钟山县降雨充沛，水资源丰富，多年平均水资源总量 18 亿立方米，其中外县流入水量 12 亿立方米，地下水储量 3.66 亿立方米但分布不均。目前探明的地下河有 8 条，已开发利用的地下水点 106 处，利用水量

2312 吨每小时。此外，山泉溪流在县内北部的山区和其他丘陵区都有分布，是许多山间小盆地的灌溉水源。

3. 矿产资源

钟山县矿产资源丰富，已发现的矿种有 27 种，探明储量的有 24 种，其中大型矿床 5 处，中型矿床 4 处，小型矿床 13 处，矿点 38 处。各类矿产中花岗岩、石灰岩、稀土矿等资源丰富，为优势矿产；钨矿、锡矿资源储量多，发展潜力大，为具有发展前景的特色矿产。但目前县境内发现的 10 余种金属矿产中，仅有钨、锡、金、银有探明储量，金属矿产短缺严重。目前已被开发利用的矿产有：钨、建筑用砂、石英、高岭土、花岗岩、大理石、建筑用石灰岩、水泥用石灰岩和页岩矿等 14 种；勘查探矿 14 个，其中普查阶段 4 个，详查阶段 10 个，勘探矿种主要为锡矿、锰矿、硫铁矿、铀矿[①]。

4. 动植物资源

钟山县地理气候条件优越，水资源充足，适宜多种动植物繁衍生息，因而野生动、植物资源丰富，种类繁多，有很多稀有品种，且许多植物具有药用价值。野生动物 165 种，其中两栖类 20 种，爬行类 28 种，鸟类 87 种，兽类 30 种。国家一级保护动物有：黄腹角雉、林鹿；国家二级保护的动物有：细痣疣螈、大鲵等。野生植物有 1141 种，其中药用植物 644 种，主要有金毛狗、八角莲等。国家一级保护树种有红豆杉、伯乐树等；国家二级保护树种有福建柏、香樟等。丰富的动植物资源为当地人的繁衍生息提供了广阔的空间，加强对野生动植物资源的保护与合理利用，对促进农村生态与经济可持续发展具有重要的意义。

3.1.3 经济发展

在“十二五”后三年与“十三五”期间，钟山县地区生产总值稳步增

① 钟山县统计局 .2020 年钟山县国民经济和社会发展统计公报 [EB/OL].（2021-09-15）[2021-12-17].

长，除 2017 至 2018 年 GDP 增长变动不大之外，其余每年基本保持 8% 左右的增长速率（见表 3–3）。2020 年，钟山县人均生产总值 34909 元，与广西 2020 年人均生产总值 44309 元相比，为广西平均水平的 78.8%。

表 3–3　钟山县 2013–2020 年地区生产总值、人均生产总值

项目（年）	2013	2014	2015	2016	2017	2018	2019	2020
地区生产总值（亿元）	68.58	76.49	80.58	89.05	98.91	101.05	111.69	122.60
人均生产总值（元 / 人）	19212	21314	22341	24580	27061	27365	30016	34909

资料来源：广西统计年鉴（2014–2021 年）。

2013 年至 2020 年，钟山县城镇与农村居民的人均可支配收入虽然都在增长，但差距逐渐拉大，呈现城镇地区与乡村地区人均收入不均衡的局面（见图 3–1）。钟山县 2020 年城镇人均可支配收入 32601 元，农村居民人均可支配收入 13403 元，与广西 2020 年城镇人均可支配收入 35859 元、农

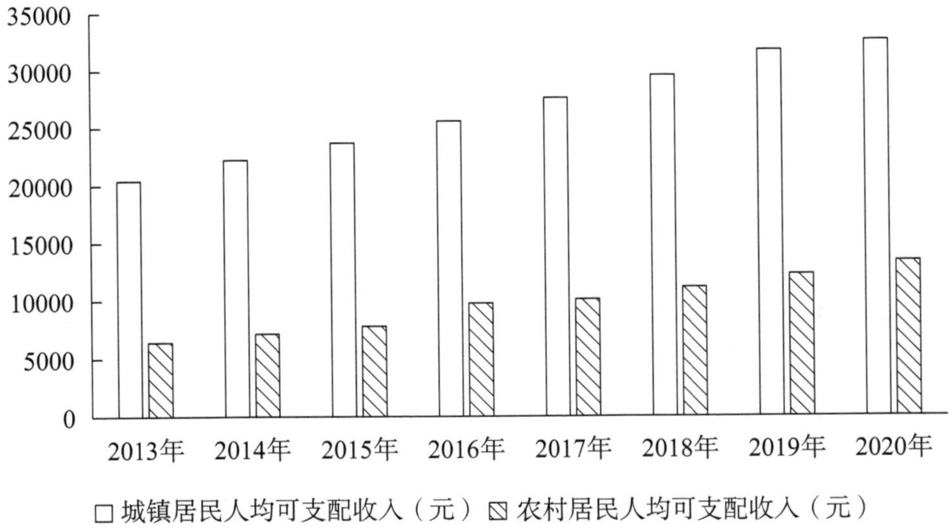

图 3–1　钟山县 2013–2020 年城镇与农村居民人均可支配收入情况

资料来源：广西统计年鉴（2014–2021 年）。

村居民人均可支配收入 14815 元相比，仍存在一定的差距。人均可支配收入的多少与当地居民参与社区治理的积极性息息相关。

1. 财政收支情况

2013 年至 2020 年，钟山县财政收入几乎无变化（见图 3-2），财政收入增长缓慢，表现停滞；财政支出呈现逐年增长的态势，表明该县对于资本的需求越来越大，导致财政收支差额逐年增加。钟山县常年财政入不敷出，仅靠该县财政收入很难维持当地各项事业的可持续发展，必须采取措施促进投资主体多元化。

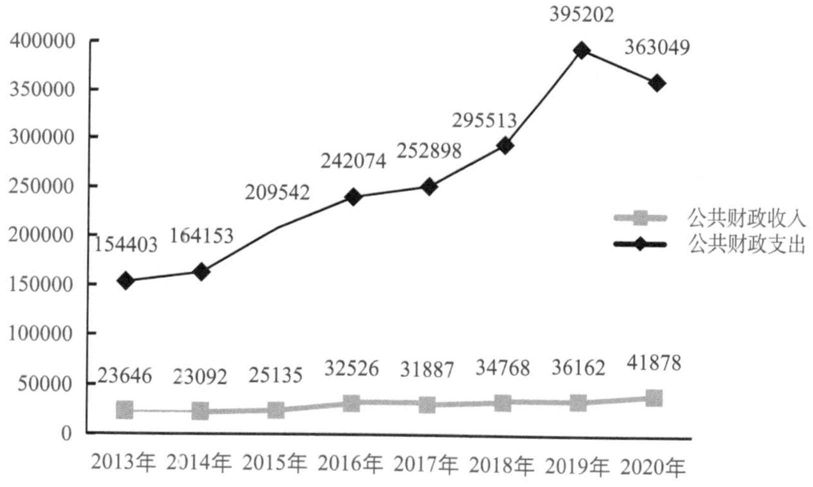

图 3-2　钟山县 2013-2020 年财政收支变化情况

资料来源：广西统计年鉴（2014-2021 年）。

2. 三产情况

（1）三产结构情况

2020 年，钟山县地区生产总值 122.6 亿元，其中第一产业增加值 20.0 亿元，第二产业增加值 39.5 亿元，第三产业增加值 63.1 亿元，三产对经济增长的贡献率分别为 13.6%、46.1% 和 40.3%。第一、二、三产业占地区生产总值的比例为 16.3 ∶ 32.2 ∶ 51.5[①]，与广西 2020 年三产比例 16.0 ∶ 32.1 ∶ 51.9[②] 相比无明显差距，三产结构比重与广西总体相似。

从 2013–2020 年钟山县三次产业总量变化看（见表 3–4），钟山县三产增长较为平稳。经济发展主要依靠第二产业、第三产业，第一产业对经济增长的拉动作用不大。2017 年第二产业产值达到顶峰后出现下降趋势，这与该县采矿业和以建筑材料为主的制造业，受到 2016 年底“房住不炒”及其配套政策的出台与供给侧改革去产能的影响有关。

表 3–4　钟山县 2013–2020 年三次产业总量变化

单位：亿元

年份	生产总值	第一产业	第二产业	第三产业
2013	68.58	14.14	31.14	23.30
2014	76.49	15.40	35.50	25.60
2015	80.58	15.96	32.98	31.64
2016	89.05	16.86	37.55	34.64
2017	98.91	17.23	42.75	38.92
2018	101.05	17.46	37.26	46.32
2019	111.69	19.22	35.67	56.79
2020	122.60	20.00	39.49	63.11

资料来源：广西统计年鉴（2014–2021 年）。

从 2013–2020 年三产比重看，经过“十二五”与“十三五”的发展，钟山县第一产业比重稍微下降，第二产业比重有所降低，第三产业比重有所增长。第二产业在三次产业中的比重由 2013 年的 45.4% 降低到 2020 年的 32.2%。第三产业在三次产业中的比重由 2013 年的 34.0% 提高到

---

① 钟山县统计局 .2020 年钟山县国民经济和社会发展统计公报 [EB/OL].（2021–09–15）[2021–12–17].

② 国家统计局广西调查总队 .2021 广西统计年鉴 [M]. 北京：中国统计出版社，2021.

2020 年的 51.5%（见图 3–3）。

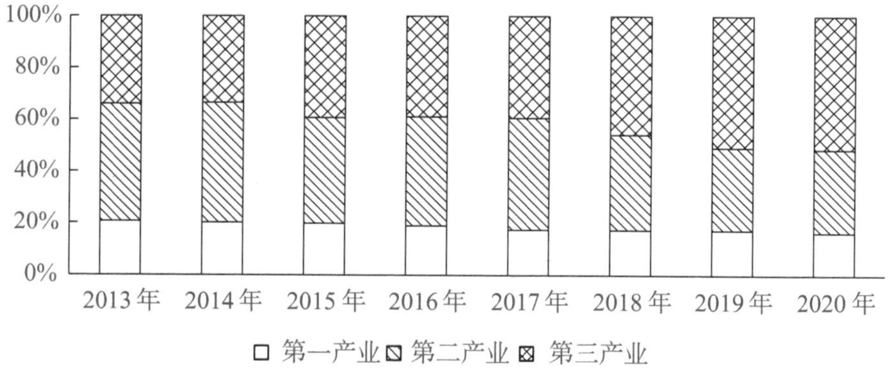

图 3–3　钟山县 2013–2020 年三次产业结构情况

资料来源：广西统计年鉴（2014–2021 年）。

以上分析说明，第二产业占三产结构比重降低的同时，第三产业正逐渐成为该县的主导产业，改进与加强以服务为导向的农村社区治理模式将有助于第三产业的可持续发展。

（2）三产内部情况

钟山县第一产业增长乏力，农作物播种面积逐年减少（见图 3–4）。其原因主要是人们更多选择外出务工而不是在家务农，维持一产尤其是粮食产量的平稳对于农村社区的基本保障具有重要意义。2020 年钟山县全年农林牧渔总产值 34.8 亿元，其中农业产值 16.9 亿元，占农林牧渔业总产值的 48.6%；林业产值 2.5 亿元，占农林牧渔业总产值的 7.2%；牧业产值 10.8 亿元，占农林牧渔业总产值的 31.0%；渔业产值 2.0 亿元，占农林牧渔业总产值的 5.7%；农林牧渔业及辅助性活动产值 2.6 亿元，占农林牧渔业总产值的 7.5%①。

① 钟山县统计局 .2020 年钟山县国民经济和社会发展统计公报 [EB/OL].（2021–09–15）[2021–12–17].

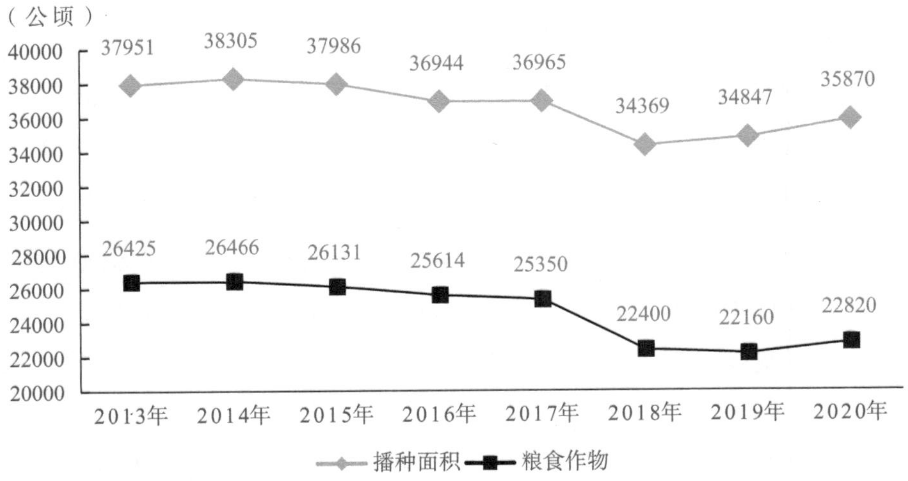

图 3-4　钟山县 2013-2020 年农作物播种面积

资料来源：广西统计年鉴（2014-2021 年）。

钟山县第二产业主要以采矿并加工为建筑材料的制造业为主，产业结构较为单一，不利于产业可持续发展。2020 年，钟山县第二产业增加值 39.5 亿元，占 GDP 的比重为 32.2%。第二产业中规模以上工业企业有 61 家，主要有采矿业，以纸制品、建筑材料、建筑设备为主的制造业，以电力、热力、燃气及水生产为主的供应业等。其中采矿业产值 6.9 亿元、制造业产值 49.7 亿元、供应业产值 5.5 亿元。制造业产值中占比最大的为砖瓦、石材等建筑材料制造产业，规模以上石材企业达 39 家，产值达 37.7 亿元，占规模以上工业企业制造业总产值的 75.8%。2020 年钟山县建筑业增加值 16.1 亿元，比 2019 年增长 9.6%。全县具有资质等级的总承包和专业承包建筑业企业总产值 14.6 亿元，比 2019 年增长 72.5%。

“十三五”期间，钟山县花岗岩支柱产业培育壮大；中广核风力发电等一批新兴产业项目落地投产；电子信息产业实现从无到有的历史性突破，通过引入菲太电子等电子信息企业 10 家，电子信息产业链初步形成。[①]

根据钱纳里工业化阶段理论[②]（用于评价工业化发展程度）对钟山县工业化发展水平进行评价，钟山县2020年人均地区生产总值34909元（相当于5480.22美元，汇率按2020年年底1美元=6.37计算），正处于由初级产品向制造业生产过渡的阶段，也就是说该地区的工业发展初具规模，已有一定的工业基础，表现为以原材料进行初加工为主的制造业向以初加工产品进行再加工为主的制造业转变，对中间投入品的需求不断增长。若想实现产业可持续发展，仍需继续引进并培育新兴产业，改变目前过于依赖采矿业、建筑业的情况。

钟山县以服务业为主的第三产业已成为带动县域经济发展的最大增长点。钟山县2020年第三产业增加值63.1亿元，比上年增长5.7%。第三产业主要以房地产、贸易、运输、金融及旅游业为主。其中，商品房销售额16.4亿元，比上年增长24.5%。社会消费品零售总额20.7亿元，受疫情影响同比上年下降2.8%。按经营单位所在地分类，城镇消费品零售总额13.3亿元，比上年下降8.3%；乡村消费品零售总额7.4亿元，比上年增长8.9%。按消费形态划分，餐饮收入1.5亿元，比上年下降43.0%；商品零售19.2亿元，比上年增长2.9%。运输业增加值4.7亿元，其中道路运输业增加值4.1亿元，比上年增长4.2%；铁路运输业增加值0.3亿元，比上年下降14.5%；邮政业增加值0.02亿元，比上年增长14.9%。金融业增加值6.6亿元，比上年增长7.1%，其中货币金融服务增加值5.7亿元，比上年增长7.3%；资本市场服务增加值0.2亿元，比上年增长1.9%；保险业增加值0.6亿元，比上年增长5.3%；其他金融业增加值0.07亿元，比上年增长16.1%。2020年全县国内外旅游总人数达325.4万人次，旅游总收入达37.5亿元，已建成旅游点52处，

① 钟山县人民政府办公室.钟山县政府工作报告[EB/OL].（2021-09-27）[2021-12-17].

② 孙碧涵.中国工业化进程及对钱纳里模型的批判[D].长春市：吉林大学，2015.

星级饭店 6 个[①]。钟山县继续为社区配套相应的基础设施和出台相关的治理政策将有助于维持这一可持续发展态势。

3. 特色产业发展情况

钟山县是一个以农业和林业为主的传统大县，是广西商品粮基地、春烤烟基地、锡钨主产地、全国秸秆氨气化养牛基地。主要农产品有春烤烟、桑蚕、大肉梅、沙田柚、蜜柑、砂糖橘、大头菜、红瓜子、香米、腐竹、瘦肉型猪、黄牛等，名优特产种类繁多。

“十三五”期间，钟山县依托有机农夫钟山基地、大田贡柑示范基地等现代特色农业基地，提高了农业农产品质量，主导制定了 4 项广西地方标准和 1 项团体标准，建成现代特色农业示范区（园、点）166 个，培育农业品牌 20 个，获得有机农产品认证品种 50 个。“英家大头菜”获得国家地理标志保护产品；“山贡柑”获得地理标志证明商标。[②] 此外，钟山县为脱贫攻坚而建立了产业扶贫“以奖代补”的长效增收机制，带动贫困户发展优质稻、柑橘、根茎薯芋类、花生大豆、鸡、叶菜类、牛等七大扶贫特色产业，在 46 个贫困村培育新型农业经营主体和产业基地（园）88 个，扶贫特色产业覆盖率由 2016 年的 67.2% 提升至 2020 年的 93.2%。

3.1.4　社会发展

1. 历史文化

秦始皇于公元前 214 年置南海郡，钟山地属其中。汉高祖元年（公元前 206 年）南海赵佗击并象郡、桂林郡，自立为南越王，县地暂属南越国。汉元鼎六年（公元前 111 年），武帝平南越，置钟山县，钟山复归汉管辖。三国时期，钟山地属吴国，受荆州（今湖北省襄樊市）临贺郡管辖。魏晋南北朝时期，县域先后属湘州临贺郡、静州梁寿郡管辖。隋

① 钟山县统计局 . 经济运行平稳 稳中提质增效：钟山县 2020 年经济运行分析 [EB/OL].（2021-03-05）[2021-12-19].

② 钟山县人民政府办公室 .2021 钟山县政府工作报告 [EB/OL].（2021-09-27）[2021-12-17].

后，在钟山县（今钟山镜内）置绥越县，属钟山地。627年，唐置道，县域隶属岭南道桂州。待岭南分东、西两道，县域先属岭南东道广管（道治今广州），后属岭南西道桂管（道治今梧州）。宋时设路，于997年将广南路分东、西两路，县域西南属广南西路（路治今桂林）昭州，其余属广南东路（路治今广州）贺州。元时置行中书省，于1363年将广西两江道改为广西行中书省，县域属广西行中书省贺州。1396年明将钟山县治从钟山迁至今钟山县富阳镇，钟山始名钟山镇，属平乐府。清承前制，钟山仍属平乐府。1916年10月，民国政府取钟山县之钟山镇区、昭平县之防字区、乐字区合并设立钟山县，隶属广西壮族自治区桂林道。1947年11月20日，钟山县解放；同年12月13日，钟山县人民政府成立。1953年4月，富川与钟山合并置富钟县，属平乐专区；1958年7月，改属梧州专区；1961年7月，富川与钟山分治，并于1962年3月恢复设置钟山县，属梧州地区行政公署。1997年月，钟山属贺州地区行政公署。2002年6月18日，贺州地区和县级贺州市撤销。地级贺州市成立后，钟山改属贺州市，至今隶属不变①。

钟山由于其历史上曾划归许多不同的地方政府管辖，人员流转，几经变迁，在历经上千年的发展演变后，形成了以汉、瑶、壮三个世居民族为主体的多民族聚居地区，产生了独特的地方文化，积淀了钟山独有的特色民族风情与人文景观。钟山语言丰富多样、各具风采，有普通话、桂柳话、瑶话、壮话、客家话、冲鸡话、钟山话。钟山人爱唱歌，有董家垌人用董家垌土话在上山砍柴、下地干活、野外放牧、赶脚驮货时即兴创作用来消愁解闷、抒发情感的山歌；有两安瑶族人为爱而歌、为生产劳作而歌、为人生百态而歌的门唻歌，是瑶族的原生态歌曲，具有浓郁的民族风情，是钟山文化的瑰宝。钟山人爱喝油茶，每当空闲时总会邀上几个亲朋好友共饮油茶，享受生活的悠闲与自在。

① 钟山县党史和地方志研究室董宗义．历史沿革 [EB/OL].（2020-06-10）[2021-12-16].

2. 人口

2020 年，钟山县总人口 35.1057 万人，其中农业人口 19.6 万人，占总人口的 55.83%；非农业人口 15.51 万人，占总人口的 44.17%。在民族构成方面，钟山县共有汉、瑶、壮等 21 个民族，其中汉族 29.24 万人，占全县总人口的 83.28%；各少数民族 5.87 万人，占全县总人口的 16.72%。瑶族 3.56 万人，占全县总人口的 10.15%；壮族 2.18 万人，占全县总人口的 6.21%；其他少数民族 0.13 万人，占全县总人口的 0.36%[①]，如图 3–5 所示。

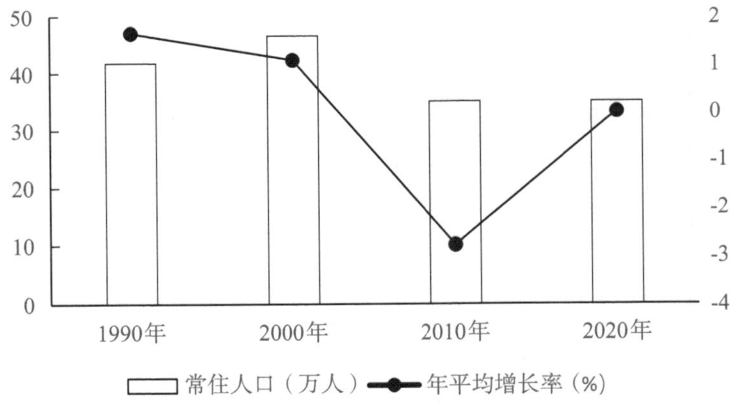

图 3–5　钟山县历次人口普查常住人口及平均增长率

资料来源：钟山县第七次人口普查公报。

此外，人口普查十年间，除钟山、燕塘两镇外，各乡镇常住人口占钟山全县人口的比重均呈减少态势，老龄化现象加剧（见表 3–5 和 3–6）。人口的数量与人才的多少息息相关，而农村社区治理及其可持续发展需要一定规模人才的支持才能维系。人口问题是钟山县未来各项事业发展都需要关注到的一个问题。

---

① 钟山县统计局 . 钟山县 2020 年第七次全国人口普查主要数据公报 [EB/OL].（2021–06–10）[2021–12–17].

表 3-5　钟山县十年间各乡镇常住人口变化

乡镇	人口（万人）	2020 年比重（%）	2010 年比重（%）
全县	33.51	100.00	100.00
钟山镇	11.89	33.87	27.51
回龙镇	2.97	8.45	9.90
石龙镇	2.31	6.57	6.73
凤翔镇	2.13	6.08	6.62
珊瑚镇	1.08	3.07	4.03
同古镇	1.74	4.97	5.57
公安镇	4.03	11.48	12.39
清塘镇	3.66	10.42	10.90
燕塘镇	1.96	5.57	5.54
红花镇	1.61	4.58	5.20
花山乡	0.53	1.52	1.61

资料来源：钟山县人民政府。

表 3-6 钟山县 2020 年各乡镇人口年龄占比构成

单位：%

乡镇	0–14 岁	15–59 岁	60 岁及以上	65 岁及以上
全县	28.61	54.15	17.24	12.58
钟山镇	24.40	61.20	14.40	10.31
回龙镇	33.51	49.82	16.67	12.31
石龙镇	31.68	51.96	16.37	12.17
凤翔镇	32.81	50.39	16.80	12.26
珊瑚镇	30.81	51.56	17.63	12.34
同古镇	31.25	48.81	19.94	14.73
公安镇	31.57	50.67	17.76	12.89
清塘镇	30.31	48.00	21.70	16.47
燕塘镇	28.12	52.14	19.75	14.47

续表

乡镇	0-14岁	15-59岁	60岁及以上	65岁及以上
红花镇	28.29	52.28	19.44	14.12
花山乡	22.81	56.74	20.45	14.07
两安乡	27.72	51.02	21.26	15.35

资料来源：钟山县人民政府。

3. 教育

2020年，钟山县有中等职业教育学校1所，普通中学19所，普通小学83所，幼儿园128所，特殊教育学校1所。小学学龄儿童入学率与初中学龄儿童入学率均达100%；高中学龄青少年入学率96.1%。全县常住人口中，拥有小学文化程度的人口为13.11万人；拥有初中文化程度的人口为11.03万人；拥有高中文化程度的人口为3.18万人；拥有大学文化程度的人口为2.13万人，在贺州排名第三位[①]。15岁及以上人口的平均受教育年限由2010年第六次全国人口普查的7.98年提升至8.38年（见图3-6）。目前15岁及以上不识字的文盲人口为1.65万人，占全县总人口的4.71%。

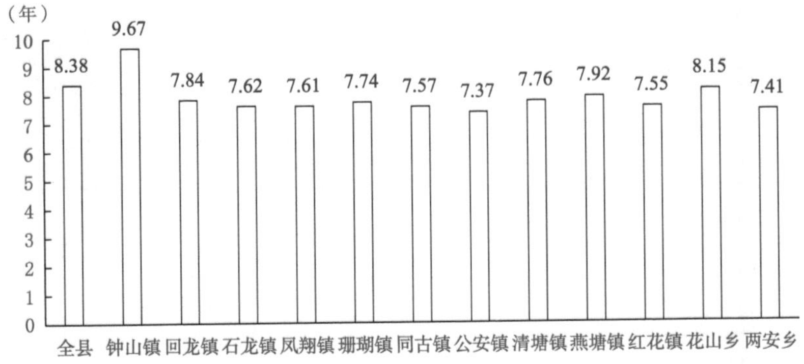

图3-6　钟山县2020年各乡镇15岁及以上人口平均受教育年限

资料来源：钟山县统计局。

① 钟山县统计局.2020年钟山县国民经济和社会发展统计公报[EB/OL].（2021-09-15）[2021-12-17].

钟山的基础教育资源较为充足，教育水平不断提高，人均受教育时长不断增加，但各乡镇之间也存在着较大差距（见表 3-7），与广西其他地区相比也存在较大差距。钟山县于 2020 年 5 月正式脱贫摘帽，要巩固脱贫攻坚的胜利成果，实现经济社会可持续发展，则仍须不断落实教育相关政策，改善全县各级各类相关办学条件，从而培育更多高素质人才。

表 3-7　钟山县 2020 年各乡镇每 10 万人口中拥有的各类受教育程度人数

单位：万人

乡镇	大学	高中	初中	小学
全县	0.61	0.91	3.14	3.75
钟山镇	1.21	1.61	2.95	2.92
回龙镇	0.27	0.49	3.42	4.05
石龙镇	0.30	0.44	3.29	4.07
凤翔镇	0.30	0.45	3.03	4.40
珊瑚镇	0.38	0.61	3.02	4.25
同古镇	0.26	0.54	3.24	4.10
公安镇	0.30	0.55	2.89	4.36
清塘镇	0.29	0.55	3.49	4.05
燕塘镇	0.31	0.76	3.48	3.94
红花镇	0.27	0.48	3.58	3.86
花山乡	0.46	0.83	3.64	3.55
两安乡	0.37	0.58	2.54	4.72

注：大学为大专及以上学历，高中包含中专学历

资料来源：钟山县统计局。

4. 卫生

2020 年，钟山县有卫生机构 195 个，其中医院 4 个，卫生院 12 个。有采供血机构 1 个，妇幼保健院 1 个，疾病预防控制中心 1 所。医院、卫生院床位数 1673 张。有卫生技术人员 2001 人，其中执业医师 495 人，

执业助理医师 181 人，注册护士 867 人[①]。目前县直医保定点医疗机构有 4 家，其中一级 1 家、二级 3 家；乡镇医保定点医疗机构 14 家，其中一级 12 家、未定级 2 家。县内医疗设施建设较为完善，基本满足使用需要。农村医疗社会保障网络已经建立，下辖各乡镇均设有医疗保险覆盖的医疗机构，如图 3–7 所示。

在 2013 年至 2020 年中，钟山县的病床数呈现先上升后下降再上升的变化趋势。卫生人员与执业或助理医师总数呈现先下降后上升再下降的变化趋势，说明医疗卫生机构存在人员流失的问题（见表 3–8）。从现有资料了解，人员流失与政策性向县内定向分配医疗卫生人员到期后离职存在一定程度上的联系，人才流失问题值得关注。

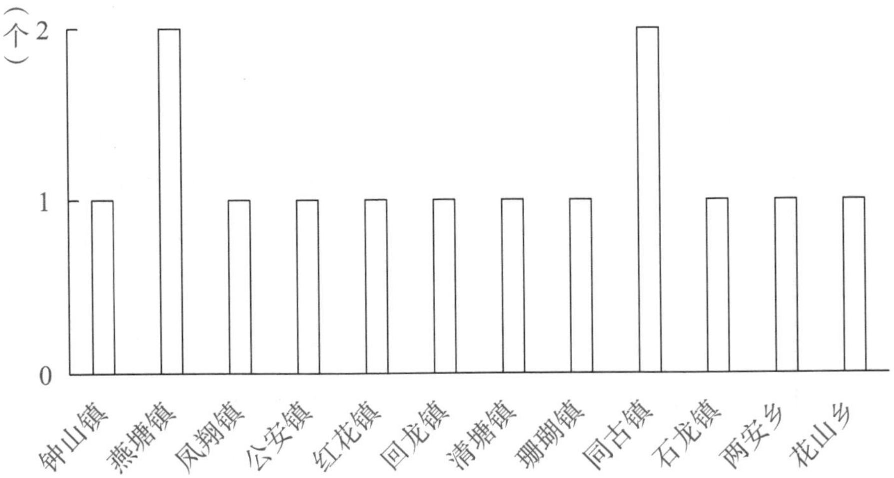

图 3–7　钟山县各乡镇医保定点医疗机构分布情况

资料来源：钟山县医疗保障局。

① 钟山县统计局 .2020 年钟山县国民经济和社会发展统计公报 [EB/OL].（2021–09–15）[2021–12–17].

表 3-8　钟山县 2013-2020 年卫生事业发展情况

年份	病床数（张）	卫生人员（人）	执业 / 助理医师（名）
2013	1326	1705	533
2014	1219	1361	356
2015	2353	1610	423
2016	1571	1605	460
2017	1461	1784	493
2018	1593	2571	1087
2019	1762	2032	658
2020	1673	2001	676

资料来源：广西统计年鉴（2014-2021）。

5. 科技

2020 年钟山县科技型中小企业入库 4 家，高新技术企业备案 2 家，已累计申报市级科技项目 7 项，获得通过立项 2 项。取得科技成果转化的有：真龙实业有限公司实现自有科技成果转化，累计效益 2310 万元；佳园果蔬有限公司引入昱城水果合作社成果进行转化，交易金额 48 万元；长城机械股份有限公司实现自有科技成果转化，累计效益 1126.83 万元。钟山县通过合理运用科技，将科研成果有效运用到当地的各项产业，有利于改善产业结构较为单一的情况，助力实现乡村振兴及其可持续发展。

3.2　村民自治何以必要

党的十八大以来，我国改革开放已经进入深水区，城乡一体化不断发展，出现了许多新的变化和特征。城乡间人口不断迁移流动，人员性质多样复杂，利益关系纵横交织，许多村民的生产与生活都跨越了原本单一的界限，在更大的城乡范围内变动，使得当前农村出现人才流失、老龄化严重、发展动力不足等问题。随着乡村振兴战略的实施，我国广大农村地区迎来了乡村发展的新阶段。在乡村建设及其可持续发展的新征程中，资源不断向乡村投入的同时也较大程度改变了农村地区的生产生活方式。这种变化导致原本由村委会统一管理的经济基础、组织功能、体制机制均发生了根本变化，已不能满足当前发展的实际需要。农村地区需要一种新的治理模式来保障中国特色社会主义新农村的建设。为重新激发农村活力，实现乡村振兴及其可持续发展，作为首批全国农村社区治理实验区的钟山县，开始在农村社区探索一种新的治理模式——以自然村或村民小组为单元的村民自治。

3.2.1　以自然村或村民小组为单元的村民自治的必要性

建设自然村或村民小组一级的村民自治群众组织，是动员村民全员参与乡村产业可持续发展、人才可持续发展、文化可持续发展、生态可持续发展和组织可持续发展的必然举措，也是充分调动村民积极参与民主选举、民主决策、民主管理、民主监督的必然要求。村民自治的内容包括民主选举、民主决策、民主管理、民主监督四个方面，其实质是广大农民群众直接行使民主权利，实现自我管理、自我教育、自我服务的一项基本社会政治制度。建设以自然村或村民小组一级的村民自治群众组织，有利于充分调动广大村民参与民主选举、决策、管理和监督等方面的积极性和主动性，有利于更好地推进农村治理现代化，不断满足农民对民主、法治、公平、正义的需求。

1. 是更好调动村民参与乡村治理的必然要求

（1）是更好调动村民参与民主选举的根本保证

民主选举是实现村民自治的前提和关键环节，但是由于广大村民知识文化水平偏低，民主权利意识不足，村民普遍认为候选人是内定的，无论自己参加选举与否，选举结果都不会发生改变，所以很多村民无意愿参与村里的民主选举。自然村或村民小组一级的村民自治群众组织的建设正好弥补了这一缺陷，通过广泛宣传《村民委员会选举法》，逐渐唤醒和提高了村民的选举权利意识和责任意识，使他们开始认识到选举权是法律赋予的一项神圣不可侵犯的权利，同时也是法律规定的一项义务，每个人都应认真行使自己的选举权。同时，村民自治群众组织具有一套十分严格规范的规章制度，既保证了村干部竞选活动的公平、公正，也大大提升了村民参与民主选举的积极性，是调动村民参与民主选举的根本保证。

（2）是村民更好参与民主决策的根本保障

民主决策是村民自治的根本环节，是村民参与讨论和决定村里大事，维护自身利益的一项重要工作。自然村或村民小组一级的村民自治群众组织的建设为提高村民参与民主决策的主动性开辟了一条新的道路。其一，实行村民自治增加了民主决策的公开性，不仅改变了以往村务的决策权掌握在“两委”手中的现状，而且让广大村民都有机会参与到村里公共事务的讨论当中，提出自己合理的利益诉求。其二，实行村民自治保证了民主决策的科学性。在村民代表会召开之前，每个村民小组代表会在本小组中就民主决策的内容进行政策宣讲，倾听广大村民的意见和建议，并将本组村民的利益诉求向村民委员会传达，会议结束后村民小组代表也会向村民通告最后的决议。总之，自然村或村民小组一级的村民自治群众组织既保障了村民直接参与民主决策的权利，也进一步提高了他们参与民主决策的积极性，是调动村民参与民主选举的根本保障。

（3）是村民更好参与民主管理的必然选择

民主管理是村民自治的实体内容，也是村民参与村中事务管理的重要活动。与传统的村民自治组织相比，自然村或村民小组一级的村民自治群众组织，更多强调广大村民是村务管理活动的主体，有权参与村中的财务支出、计划生育、婚娶丧俗、宅基地划拨等事务。在这样的村民自治条件下，民主管理意味着不再是少数人对多数人的管理，而是全体村民参与的多数人对多数人的管理，意味着村干部和村民之间不再是管理者与被管理者的上下级的关系，而是相互管理的平等关系。因此，正是因为自然村或村民小组一级的村民自治群众组织创造了平等和谐的民主管理环境，广大村民才会更加积极主动地参与到村中公共事务的管理活动之中，从而为建设美丽村庄贡献出自己的一分力量。

（4）是村民更好参与民主监督的必然举措

民主监督是村民自治的重要保障，是维护村民合法权益的途径，更是决定村民自治能否长期进行的关键环节。当前我国村民自治中民主监督仍存在诸多问题，如村民民主监督意识淡薄、参与监督意愿不强等问题，他们认为村级组织开展的工作与自己没有太大的关系，也不想因为参与民主监督而得罪村干部。为了解决这一问题，需要注重发挥自然村或村民小组一级的村民自治群众组织的引领作用，帮助自然村或村民小组成员提高自身的文化水平和法治观念，同时也要为村民参与民主监督提供更加畅通、更加多样的渠道，这样有利于提升村民自觉参与民主监督的意愿。

2. 是更好推进农村治理现代化的客观需要

乡村治，百姓安，国家稳。农村社区是最基本的治理单元，农村治理是国家治理的重要组成部分，农村治理现代化包括农村治理体系和农村治理能力两方面内容。习近平总书记指出：“村民自治在农村社区治理中发挥着基础性作用，事关乡村社会治理体系和治理能力现代化目标的实现。”通过不断提高村民自治能力与自治水平，能够更好地推进农村治理现代化。

（1）是更好推进农村治理重心下移的现实需要

党的十九大报告指出，要推动社会治理重心向基层下移，实现政府治理和社会调节、居民自治良性互动。行政村作为国家基层群众性自治单位，与基层政府应是指导与协助的关系，但实际上背负了很多额外任务，承担了基层政府的许多行政职能，这样村民委员会也就变成了基层政府的“腿”。农村社会治理的具体实践表明，由于法定“行政村”与传统“自然村”这两种基本单元之间发生错位，导致村民自治无法正常运转，而村民自治目标也会很难实现。村民委员会本是村民实现“自我教育、自我管理和自我服务”的群众性自治组织，但从产生伊始就被基层政府行政力量“介入”，政府为了实现其行政职能，对村委会进行了直接领导，这种状况不仅在很大程度上制约了农村社会治理主体积极性和创造性的发挥，而且也极易造成村干部对基层政府的依赖心理。为了增强乡村有效治理，迫切需要厘清村委会与政府之间的关系，以减少村委会不必要的行政负担。因此，在自然村或村民小组建立村民自治群众组织是推进农村治理重心下移的需要。

（2）是更好破解当前农村治理难题的重要途径

随着城镇化的快速发展，农村社会治理面临着诸多的新挑战、新问题，主要表现在：第一，村民委员会和村党支部这两大农村治理主体的职能划分模糊不清。有些地方强化了村民委员会的职能，却忽略发挥村党支部的核心引领作用。反之，有些地方强化了村党支部的职权，却弱化了村民委员会的自治功能，结果导致农村治理问题得不到有效的解决；第二，普通农民参与治理积极性不高、意识不强。由于部分地区农民群众缺乏参与农村治理的积极性，导致农村社会治理目标难以实现，在没有广大农民群众支持的情况下，农村社会治理也无法与农村发展保持同步。因此，建立以自然村或村民小组一级的村民自治群众组织是破解当前农村治理难题的重要途径。

（3）是更好实现农村治理现代化的必由之路

村民自治是实现农村治理现代化的基础保证。因此，在自然村或村民小组中，通过探索以村规民约、村民议事会、老年协会、道德评议会、红白理事会、禁毒禁赌会为主要内容的“一约五会”村民自治体系，充分发挥其协调作用，能够有效推进乡村治理现代化。首先，完善自然村或村小组村规民约是提高农村治理水平的重要途径。村规民约是村民自我约束的一种规则形式，是德治的具体化和条理化，是推动农村治理现代化的重要内容。通过发挥村规民约的引导和约束作用，能够实现村民自我教育、自我监督，让村民在生产生活中自觉遵守公共秩序，从而实现乡村治理的和谐。其次，设立自然村乡贤理事会是农村治理的创新探索。乡贤理事会是党委和村委沟通的重要平台，能够调和“两委”在农村治理工作中的出现的各种矛盾。此外，乡贤理事会实现了自然村的协同共治。它不仅对农村基层组织起到监督和制约作用，而且有利于推动村级事务的治理常态化。与此同时，它完善了农村治理体系，凝聚了农村的社会合力，实现了农村的多元共治。总之，建立以自然村或村民小组一级的村民自治群众组织，是实现农村治理现代化的必由之路。

3. 是更好满足农民美好生活需要的内在要求

党的十九大报告指出：“人民美好生活需要日益广泛，不仅对物质文化生活提出了更高要求，而且在民主、法治、公平、正义、安全、环境等方面的要求日益增长。”这种变化需求反映到普通农民身上更加明显。因此，为了更好地满足农民群众对公平正义、民主法治的诉求，就要建立以自然村或村民小组一级的村民自治群众组织。

（1）是更好满足农民群众追求公平正义的重要手段

村民自治中蕴含着公平正义价值，主要表现在：第一，村民自治集中反映了农民对公平正义的诉求。我国村民自治制度建立在公正性与合理性之上，目的是使村民在各方面的利益诉求得到妥善解决。第二，通过村民自治可以保障分配的公平正义。在农村基层地区中，既存在利益的一致性，也存在利益的矛盾冲突。村民之间互帮互助、共同致富，可以使他们获得现实的收益，但同时也存在着有些村民计较个人得失，希望自己能够占有更大的合作份额，这样就会导致村民之间的利益关系变得更加复杂化。因此，在农村基层地区中需要一套公平正义原则来合理分配利益。第三，通过村民自治可以保障诉讼的公平正义。村民之间的矛盾、村民与村委会之间的冲突是我国农村基层地区长期存在的问题。

由于部分基层党员干部没有把老百姓的利益放在心上，只为了自己的名誉、利益、功绩着想，由此必然造成干群关系紧张，引发一系列的冲突矛盾。村民自治所提供的规则和程序，可以使这些纠纷得到公正、和平的解决。

（2）是更好满足农民群众追求民主法治的重要条件

在自然村或村民小组建立村民自治群众组织是农村基层民主的新探索，是农民群众民主实践的重要形式，对于增强村民民主意识和法律意识具有重要的意义和作用。首先，村民自治增强了农民的民主观念和意识。通过广泛而深入地宣传《村民委员会组织法》，以及树立村民自治的典型和推广村民自治的典型经验，促进了农民民主意识不断觉醒，他们逐步关心时事政治，并有序地参与到本村公共事务的管理和决策当中去，为促进本村社会经济的发展积极献言献策。村民自治使他们深刻认识到民主就在身边，民主与他们的利益是如此的密切。广大农民开始认识到自己在村里乃至国家中扮演着重要的角色，村干部的权力来源于农民，并受农民的监督；他们开始认识到自己的权力和利益是不容侵犯的，同时也明白了自己所要履行的义务。其次，村民自治增强了村民的法制观念和法律意识。通过广泛参与民主选举，农民逐渐认识到只有在充分了解相关法律前提下，才能保证选举的公平公正。总之，在村民自治实践的过程中，广大农民群众通过学习法律基本知识，学会运用法律维护自己的合法权利，从而增强了法制观念。

（3）是更好满足农民群众追求优美生态环境的重要途径

随着人民生活水平的日益提高，广大农民群众对生态环境质量的要求也越来越高。要想满足农民群众对优美生态环境的需要，解决农村日益突出的生态问题，更好的途径就是建立以自然村或村民小组一级的村民自治群众组织。村民自治组织在整个农村环境保护过程中发挥着重要作用，它可以充分调动农村各种资源来进行生态环境保护，能够促进整个农村单位和个人积极投入到保护环境行动当中。与此同时，村民自治组织根据我国环境保护法及本村的实际情况来制定相应的规章制度，对于那些不履行保护环境义务和破坏农村生态环境的村民给予相应的惩戒，保证了农村环境的干净、整洁，满足了农民群众对良好生活环境的期盼。最后，村规民约作为推进乡村环境整治的有力抓手，激发了农民群众参与环境治理的积极性。村党支部和村委会通过广泛集合农民群众意见，将村庄环境治理写入村规民约，从思想和行为上加以引导，督促村民养成爱护环境的好习惯。

3.2.2　村民自治助推乡村可持续发展的可行性

农民是乡村的最主要的守护者和建设者，动员全体村民开展村民自治组织活动，参与乡村振兴，实现乡村可持续发展，实际上就是开辟了一条让广大村民广泛参与乡村产业可持续发展、人才可持续发展、文化可持续发展、生态可持续发展和组织可持续发展的重要道路。

1. 村民自治是乡村产业可持续发展的重要保障

随着新型工业化和城镇化的深入推进和农村青壮劳动力的大规模转移，我国面临农产品供给不足的困境。在这种形势下，劳动力不足成为乡村产业振兴面临的巨大难题。乡村产业可持续发展是推动农业现代化的关键所在，只有乡村产业可持续发展，才能为农村各项事业发展奠定坚实的物质基础，才能更好地使农民享有获得感、幸福感、安全感。通过充分发挥村民自治群众组织的主观能动作用，深入推进村民自治试点工作，可以吸引村民广泛地参与到乡村产业可持续发展当中。

2. 村民自治是乡村人才可持续发展的重要保证

人才可持续发展是乡村可持续发展的重要基础。随着我国城镇化水平的逐步提升，越来越多的农村青壮年外出务工，使农村社会面临着人才紧缺的难题。为了解决这一难题，需要建设更具活力的村民自治群众组织，通过在村民群体中大力宣传党和国家有关创新创业的鼓励政策，既有利于充分激发乡村现有人才活力，也能鼓励更多的城市人才回流乡村创新创业，为乡村可持续发展添砖加瓦。

3. 村民自治是乡村文化可持续发展的动力源泉

乡村文化是乡村可持续发展的动力源泉，但目前的乡村文化建设仍然存在较大的问题，主要表现在村务工作者对农村文化工作的重要性认识不足，存在重经济建设、轻文化建设的现象；农村文化缺乏创新与活力，由于没有新生文化主体力量的加入，致使基层文化部门普遍缺乏竞争意识和危机感，基层文化活动缺乏创新和活力。为摆脱这一困境，党和国家提出了实现乡村文化振兴的目标。在推动乡村文化可持续发展的过程中，通过发挥村民自治群众组织因地制宜、自主决策、自由创造的主体作用，有利于鼓励村民广泛参与到乡村文化建设中去，从而增强乡村文化自信，丰富农民群众的精神生活。

4. 村民自治是乡村生态可持续发展的重要举措

一段时期里，虽然我国一直在提倡保护环境，但农村生态环境保护并不理想，农村脏乱差的不文明现象还不同程度存在，大量使用化学肥料和杀虫剂对生态环境造成不良影响。党的十八大以来，在国家和各地政府的大力整治之下，如今的农村已经出现崭新的面貌，过去脏乱差的现象已经大为改观，农民的生态环境保护意识也有了很大的提高。通过建设村民自治群众组织，制定“合理利用资源，保护和改善生态环境”的村规民约，有利于将保护生态环境的基本国策真正贯彻到农村，让保护生态环境的意识深深扎根于广大村民的心中，激励和动员全体村民自觉参与到乡村生态可持续发展行动中去，让良好生态成为乡村可持续发展的支撑点。

5. 村民自治是乡村组织可持续发展的重要途径

村民自治组织在管理村民公共事务，带领农民脱贫致富方面具有积极作用。但是，由于部分农村基层党组织软弱涣散、村干部能力弱和作风不良，导致其在乡村可持续发展中未能充分发挥领导核心作用。要实现乡村组织可持续发展，还须不断深化村民自治实践，健全以党组织为核心的基层组织，通过村民自治组织广泛带动村民参与到乡村组织可持续发展中。只有充分尊重广大农民的意愿，把广大农民对美好生活的向往作为出发点和落脚点，才能动员村民全员参与乡村组织可持续发展，确保基层组织的健康发展。

综上所述，巩固、发展和完善村民自治制度，推进村民自治群众组织建设，提高农村自治能力，是农村工作的重难点之一，也是乡村振兴背景下实现农村可持续发展的必然选择。在具体的实践中，村民自治是钟山县贯彻落实乡村振兴战略及其可持续发展的重要着力点，通过在县内建设自然村或村民小组一级的村民自治群众组织，不断完善乡村治理体系，提高乡村自治能力，从而助力乡村振兴，实现农村可持续发展。

3.3　钟山县村民小组自治试点探索历程

农村社区的有序运转离不开有效的农村社区治理体制。随着社会的发展与变迁，农村社区必然发展出与时代特征相匹配的农村社区治理体制。党的十八大以来，中国特色社会主义进入了新时代，为有效保障农村社区治理中的基层自治，让广大农民群众充分享受主人翁权益，从而激发自身内生动力，更好地建设社会主义新农村，实现乡村振兴及可持续发展，为此将行政村原村民委员会级别以上的自治治理机制向更为基础的单元下沉，形成了农村社区治理“自治型”体制中村民自治的新模式，即自然村或村民小组自治。

钟山县作为村民自治的重要实验区，在推进村民自治的基层民主建设过程中，始终以中央的相关政策为行动指导，并结合广西区内的政策方针与基层治理实际情况，出台与调整村民自治的体制机制，激发村民的参与热情，推进基层治理的民主化，促进乡村治理的现代化，进而实现村民自治由形式民主到实质民主的转变。

3.3.1 村民小组自治的提出

2014年，中央一号文件《关于全面深化农村改革加快推进农业现代化的若干意见》中，强调要改善乡村治理机制，健全基层民主制度，并首次提出要“探索不同情况下村民自治的有效实现形式，农村社区建设试点单位和集体土地所有权在村民小组的地方，可开展以社区、村民小组为基本单元的村民自治试点。”这一文件明确指出，为了实现村民自治制度化和规范化，允许和鼓励各地结合具体情况进行村民自治形式的探索与创新，既体现了中央对村民自治这一治理模式的重视，也体现了我国的国家性质，体现了人民民主具有广泛性和真实性，有利于维护广大农民的根本利益，保证人民当家做主的政治地位。

自此，钟山县开展以村民小组为基础的村民自治群众组织活动有了政策支撑和理论依据，开始进行村民自治的试点建设工作。初次开展村民小组自治工作，钟山县根据政策要求并结合实际情况，对村民自治的形式进行了探索与创新，在县内首先将试点条件好的村落划分为村民小组开展村民自治活动。2014年，钟山县选取6个乡镇中的20个自然村建立了村民小组自治试点，率先探索并组建了村屯“党群理事会”，这是一种党员带动、群众积极参与的村民理事会形式。“我们村怎么改造，按什么模式，费用大家怎么分摊……”这是钟山县凤翔镇底村党群理事会成员讨论商议本村生态建设事宜的常见场景[①]。该村党群理事会组织村民小组内每户每天支援一名劳动力参与生态乡村建设，还利用外出务工青年返乡的时机发动群众投入建设，共筹集资金21.09万元，加上钟山县委县政府的1∶1奖励扶持资金，开展生态乡村建设项目。

在2014年农村民主自治建设工作中，钟山县在自然村村民小组自治试点中，通过党群理事会以党内带党外，党员、群众共谋发展，有效讨

① 卢建宁，李振，陈晓杰．钟山县村级党群理事会探索农村民主自治扫描[EB/OL].（2015-09-09）[2022-01-14].

论并解决了村民自治中的建设难题和管理难题。

3.3.2　扩大村民小组自治试点

2015 年的中央一号文件《关于加大改革创新力度加快农业现代化建设的若干意见》指出，“在有实际需要的地方，扩大以村民小组为基本单元的村民自治试点，继续搞好以社区为基本单元的村民自治试点，探索符合各地实际的村民自治有效实现形式。”这一文件对全国前期村民自治工作取得的成果与经验进行了肯定，并进一步提出要推行这一有效的治理措施，发挥村民自治群众组织在村民自治实践中的作用，实现对我国乡村治理机制的创新和完善。钟山县在新的政策要求下，针对开展村民小组自治时遇到的问题，继续推进村民小组自治的改革创新实践。特别是结合初次开展村民小组自治的工作情况，选取更多的村落，进一步扩大了村民小组的自治试点。

钟山县在推进基层民主进程中发现，行政村“两委”村干部过少，每个行政村下辖的自然村多且分散，开展群众工作压力较大。发动群众开展修路建桥、生态乡村建设、村容村貌整治和推进农业产业结构调整等工作需要投入大量人力物力，组织协调力量显得十分单薄。扩大村民小组自治试点、组建党群理事会后，理事会主动为村“两委”承担了大量的群众工作，成为治村理事的“当家人”，不但解决了很多棘手的难题，提高了工作效率，而且使村民群众自我管理、自我服务得到切实加强。珊瑚镇龙岩村由于村屯环境整治的需要，村中危旧房拆除工作任务繁重，有些群众不理解，干群之间造成了误解。该村理事会成员带头拆除自家的废旧房屋，带动 56 户村民拆除废旧房屋 77 间、面积 3800 平方米，赢得了群众的理解和支持。截至 2015 年 9 月，钟山县已在 374 个自然村组建了党群理事会，涵盖了 12 个乡镇 43% 的自然村；村民理事会成员一般在 6 人以上，最多达 23 人；共有党群理事会成员 2365 人，其中有党员 655 人，占成员总数的 27.7%，村两委干部 342 人，占 14.5%[①]，扩大村民小组自治试点工作取得了不错的成效。

3.3.3 以自然村作为村民自治基本单元的试点

在党的领导、政府大力推进和各试点地区的不断实践中，村民自治工作逐渐取得人民群众的认可与支持，基层群众自治活力增强。通过对农村地区治理情况的考察，对试点农村地区的经验总结，党中央明确表示要在以社区和村民小组为基本单元的村民自治试点基础上，进一步扩大试点范围。在 2016 年发布的《关于落实发展新理念加快农业现代化实现全面小康目标的若干意见》中明确提出，“在有实际需要的地方开展以村民小组或自然村为基本单元的村民自治试点”。相较于 2014 年和 2015 年的表述，2016 年增加了“自然村”的概念，强调要将“自然村”也加入到村民自治的试点范围，这是对前面以村民小组为基本单元的村民自治工作的进一步发展。

钟山县开始尝试将自然村作为基本单元，开展村民自治试点工作。除了将部分特殊的一些相邻家庭划为一个村民小组开展村民自治以外，大多数开展村民自治的自然村都按其自然村落范围划分村民小组的自治区域。在开展自然村村民自治试点工作之前，村民小组的管理往往由村小组长一个人说了算，在管理中出现管理难、难管理的现象。开展自然村村民自治试点的工作后，自然村或村民小组的管理由村支部、村民小组长、村民理事会共同管理，整合了各方力量，优化了治理结构，为乡村治理提供了坚实的保障。如回龙镇东凤村凤凰山、新寨村等 6 个自然村的党群理事会代表在村党组织的带领下，到公安镇大田村黑木耳种植基地进行学习考察。学习结束后，回龙镇各个自然村的党群理事会纷纷自主组织全村意向种植户，通过邀请黑木耳公司的专家到村下地培训、

① 卢建宁，李振，陈晓杰 . 钟山县村级党群理事会探索农村民主自治扫描 [EB/OL].（2015-09-09）[2022-01-14].

邀请镇扶贫办的工作人员入户宣传扶持政策、组织种植大户到基地参观学习等方式，达到了“想种的人都能种、能种的人都能收、能收的人都能富”的目的。截至 2017 年 3 月，回龙镇村级党群理事会共组织了 20 余次学习活动，群众和贫困户意向种植 1100 多亩，成立种植合作社 10 余个[①]。钟山县以自然村作为村民自治基本单元的工作取得了显著效果。

3.3.4　农村社区治理实验区建设的开展

2017 年 4 月，民政部印发《关于开展全国农村社区治理实验区的通知》，决定开展“全国农村社区治理实验区”建设工作。同年 12 月，由于开展村民自治成绩突出，钟山县被确认为首批全国农村社区治理实验区，开展了主题为“进一步拓展村民自治体制机制，注重建设自然村或村民小组一级的村民自治群众组织”的农村社区治理建设工作。

自被确立为首批实验区以来，钟山县通过不断拓展村民自治体制机制的实践探索，总结出了村级重大事务决策由党小组牵头提议，党群议事会协商，户主会决议，党群理事会执行落实，群众大会监督的“党小组 + 四会”村民自治协商机制，为之后的村民自治实践工作提供了很好的参照。花山瑶族乡宝鹿村是总人口只有 718 人、“山路十八弯”的边远民族村落，是自治区级“十三五”贫困村。2017 年 4 月以来，花山乡党委在县政府指导下，通过引进宝鹿村党支部在各自然村探索实施“党小组 + 四会”的村民自治协商机制，解决了许多棘手的难题。当年夏天暴雨，阿利冲部分路段出现塌方，该村党小组组长通过村民理事会组织群众对塌方路段进行抢修，确保了山区交通要道的安全畅通；宝鹿村下属的六角自然村，党小组的 13 名党员通过带头试种树形金银花，辐射带动了贫困户和群众种植金银花 100 多亩，当年实现产值 8 万多元；带动 24 户贫困家庭种植黑木耳 45 亩，带动 10 户贫困户参与养蜂产业脱贫，年

① 程辉标 . 回龙镇：党群理事会理出致富路 [EB/OL].（2017-03-16）[2022-01-14].

产值超 50 万元[①]。钟山县将村民自治的典型经验融入党建工作中，彰显了新时期农村基层党组织的政治引领和服务功能，增强了基层党组织的创造力、凝聚力和战斗力，实现了党组织工作的重心下移，将党建触角延伸到了自然村。

中共广西壮族自治区委员会于 2018 年 4 月通过《中共广西壮族自治区委员会关于实施乡村振兴战略的决定》，指出要进一步加强以党组织为核心的农村基层组织建设，进一步完善乡村治理体系，充分发挥农民主体作用，在具体实施过程中，强调要“继续开展以村民小组或自然村为基本单元的村民自治试点工作”。为继续深化党中央与区党委强调的实践要求，钟山县于同年 6 月印发了关于《钟山县加快推进全国农村社区治理实验区建设实施方案（2018–2020 年）》，通知要求坚持自治为基础，加强农村群众性自治组织建设，健全和创新村党组织领导的充满活力的村民自治机制。

自 2018 年 6 月“农村社区建设实施方案”发布以来，钟山县通过推行村民自治的新型农村社区治理模式，带动村民脱贫攻坚，实现 42 个贫困村脱贫摘帽，已于 2020 年 5 月 9 日获自治区政府批准退出贫困县序列。在现代特色农业发展中，通过发挥党员与村民理事会的作用，以点带面，带动普通种植户与贫困户共同发展特色农业，建成自治区、市、县和乡级现代特色农业示范区 55 个，总数达到 124 个，总产值 13.1 亿元，增速 12.9%，实现数量和质量的稳步提升；壮大了农业产品品牌，稳步推进有机产品认证示范县创建工作，钟山贡柑、黑木耳、水稻等 30 多个品种获有机认证，建立（农产品）监管名录 685 家、示范基地 58 个、通过“三品一标”认证产品 36 个[②]。通过党员与村民理事会带动村民开展“幸福乡村”活动，推进“三清三拆”村庄 170 个，建设精品示范型村庄

① 虞中晖，何木保 . 宝鹿村：党建为产业发展“引航添力”[EB/OL].（2017–12–22）[2022–01–14].

② 钟山县人民政府办公室 .2020 年钟山县政府工作报告 [EB/OL].（2020–05–20）[2022–01–14].

2 个、设施完善型村庄 12 个、基本整治型村庄 80 个，完成农村改厨改厕 1.2 万例，整治了农村人居环境，乡村风貌得到有效提升，乡村可持续发展能力不断得到提升。

3.4　钟山县村民小组自治的基本经验

2017 年被列为“全国农村社区治理实验区”后，钟山县在 2018 年至 2019 年内逐步完善 80 个村建设与治理，确保 4 个自治区级试点乡镇和 19 个自治区级试点社区治理得到有效提升。截至 2020 年末，钟山全县 113 个村已全部建立“一约四会”（村规民约、红白理事会、道德评议会、村民议事会、禁毒禁赌会），农村社区得到有效治理。钟山县进一步拓展村民自治体制机制，充分发挥以自然村或村民小组为自治基本单元的村民理事会等基层群众自治组织的作用，探索“党小组 + 村民理事”、“三治融合”、“青年带头”等治理模式，助力新型农村社区建设，不断开创农村社区治理新局面。

3.4.1　村民小组自治的实践经验

钟山县在坚持党的领导、坚持村民自治主体地位、坚持建立健全与完善村民自治体制机制、坚持依法治村、坚持一切从实际出发等原则下，通过认真贯彻落实党在农村的路线方针政策，将各级党组织的主张和要求通过村民自治组织和村民自治规章制度转化为村民的集体意志，将“要我做”变为“我要做”，不断拓展与完善村民自治体制机制，注重建设自然村或村民小组一级的村民自治群众组织，初步形成以下几点实践经验。

1. 突出政治引领，夯实基层党建根基

在推动村民小组自治试点过程中，钟山县坚持党的领导，通过组织各自然村或村民小组的党小组及村民理事会成员学习习近平新时代中国特色社会主义思想和党的路线方针政策，再由党小组及村民理事会成员在日常的工作生活中传达给村民，提高了村民的归属感和对振兴乡村的凝聚力，深化了村民对社会核心价值观的认同，凝聚了推进村民小组自治的力量。

钟山县注重政府引导，突出问题导向，做到因地制宜。立足于党的各项方针政策和重大决策部署，围绕本地各方面的有利条件，制定本地经济发展规划，大力发展集体经济，倡导村民充分认识自我、自力更生，引导村民脱贫致富。根据农村优势和特点开发具有本地特色的农产品，如种植脐橙、柑橘等，大大提高了农民的参与度和经济收入。

在农村基层党组织以及农村致富带头人的带动下，引导村民积极学习农业技术，不断更新观念，大胆创业，推动农村农业产业发展。在环境保护方面，钟山县积极推动生态文明建设，把“绿水青山就是金山银山”的理念落到实处，在多村设置垃圾收集站，并设专人管理，坚持在经济发展中保护好农村生态环境，推动了农村绿色发展和可持续发展。

2. 注重发挥村民和党员的村民自治主体作用

钟山县在村民自治的过程中注重发挥村民的自治主体作用，又将党员大会作为议事中心，发挥党员作用，特别是发挥村民理事会的党群理事会作用，即党员带动群众的作用。如公安镇荷塘村在百里画廊景区建设过程中，注重以自然村或村民小组为主体，自然村自发组织起来，自己出钱对本村进行规划和建设；清塘镇英家村扎根红色沃土，发挥自然村或村民小组在革命老区、红色文化、产业发展中的主体作用，在发挥党员示范带头作用的同时发挥了村民的主观能动性。

3. 建立健全村民自治体制机制

钟山县在完善和健全村民自治体制机制的过程中形成了独特的村民自治的治理体制。

首先，形成“一党一会五小组”的治理体制，即一个党支部、一个村民理事会，下辖综合治理小组、卫生文明监督小组、社会保障服务小组、生产服务小组和公益事业服务小组。“一党一会五小组”在花山瑶族乡得到充分实践，各小组长由村民小组组长或德高望重的村民担任，充分发挥了“五小组”的主体作用，解决了生态乡村、文化乡村等建设课题。

其次，完善村民会议制度，实施“村党组织提议 + 村‘两委’会议商议 + 党员大会审议 + 村民会议或村民代表会议决议”制度，实施结果公开的“四议”制度。这种“四议”制度在大田自然村得到了充分实践，推进了民主选举、民主决策、民主管理、民主监督的有效开展，将村民自治群众组织的体制机制落到了实处。大田自然村是 2019 年国家第五批传统村落，在保护古民居、古戏台、莲花池、古树，建设文化公园、文化广场、污水收集处理设施，脱贫攻坚和发展产业过程中，充分发挥了自然村或村民小组的自治作用。

再次，通过制定完善的村规民约，发挥村务监督委员会的作用，建立公开公示制度，推动村务在阳光下进行，促进村务公开、信息共享、监督有效，同时积极构建由村内社会组织、经济组织及村民代表等组成的多主体监督机构，从而建立起了较为完善的监督体系，构建了新型乡村治理体系和治理格局，开创了钟山县村民自治的新局面。

最后，发挥好村民理事会、党群理事会和乡贤理事会的突出作用。党群理事会将党员和群众紧密结合，乡贤理事会以乡贤等为代表，丰富了乡村协商民主的形式，发挥长者的声望和影响力，维护村民利益，不断保障和改善民生，促进乡村道德建设发展，为处理各类矛盾纠纷，确保农村社会的和谐稳定发挥了重要的作用。

4. 注重发挥青年农民在社区治理中的先锋作用

青年农民是乡村振兴不可或缺的中坚力量，在建设以自然村或村民小组一级的村民自治群众组织过程中，钟山县注重发挥青年农民在社区治理中的重要作用，取得很好的成绩。如公安镇荷塘村在举办慰问活动和篮球、拔河等体育活动中，主要依靠年轻人去组织和发动，因为青年农民思想较为开放，接受新鲜事物的速度较快，是农村社区治理的主力军。特别是在推进“三清三拆”的过程中，在村民大会前发挥青年农民的沟通协调能力，以同姓支脉为单位做思想工作。如果老人思想工作做不通，换成年轻人去做往往会比较顺利。如公安镇鹧鸪湾村里原来对镇内新工程的反对声较多，这两年由于村民理事会的年轻人多，他们身上带着年轻人特有的朝气，改变了乡村原有的落后状况，有力地推进了乡村振兴及其可持续发展。

3.4.2 形成多种村民自治模式

1.“党小组＋村民理事会”村民自治模式

推出了“党小组－村民理事会”的村民自治模式，以党小组引导和保障村民开展自治活动，在保留原有村民委员会设置前提下，形成由村民理事会代表本自然村或村民小组范围内的村民就公共事务开展议事协商、实行民主管理和监督的村民自治格局。村民理事会作为村民充分行使自身民主权利的自治主体，其成员根据本人自愿、群众认可的原则，完全通过民主推选产生。村党小组和村民委员会成员可参与本自然村或村民小组的村民理事会选举，同时，由党小组发挥村民自治引领作用，鼓励妇女代表、“乡贤”代表、农民合作经济组织代表等村民代表参与选举。根据村民理事会的人员构成，村民理事会又可分为党群理事会、乡贤理事会等。

在钟山县各党小组的带动下，各自然村或村民小组的村民自治活动围绕着村民理事会有序开展，其主要职能如下。

（1）开展议事协商。村民理事会作为协商主体参与村民委员会协商，反映本村民小组群众的利益诉求，对财务开支、公益建设、集体经济、产业发展、土地管理、集体股份合作等涉及本自然村或村民小组村民利益的重要事项开展民主协商。

（2）实施组务公开。村民理事会把自然村或村民小组涉及国家的、集体的和村民群众利益的事务和活动情况，通过一定的形式和程序告知全组村民，并由组内村民参与管理、实施监督。

（3）调解矛盾纠纷。村民理事会协调村民之间、村民小组之间的利益关系，化解村民矛盾纠纷，维护和谐稳定，为农村社会的和谐奉献一分力量。

（4）开展公共服务。村民理事会负责动用各项涉农资金，建设和维护基础设施，改善村容村貌，开展公益事业、经济发展等活动，关爱和扶持本组贫困户、五保户、低保户、“三留守”（留守老人、留守妇女、留守儿童）、残疾人等困难群体，为其提供各类生产和生活服务。

（5）倡导文明新风。村民理事会大力弘扬中华民族勤俭节约的传统美德，积极培育和践行社会主义核心价值观，组织本自然村或村民小组内村民制定、完善和遵守村规民约，引导村民抵制封建迷信，坚持移风易俗，推行健康文明的科学生活方式，遏制婚丧嫁娶中的铺张浪费等陈规陋习，形成崇德向善、扶危济贫、尊老敬老、家庭和谐、邻里和睦的村风民风。

（6）形成监督体制。村民理事会通过村务公开制度，对涉及本自然村或村民小组的重点项目和重大事项进行管理，对村务公开的事项提出意见、建议、批评，可要求村委会及时答复、说明、纠正不妥做法，推动党风廉政建设向基层延伸。又如，钟山县英家村形成“一党一会五小组”的治理模式，采用一个党支部、一个党群理事会，下辖综合治理小组、卫生文明监督小组、社会保障服务小组、生产服务小组和公益事业服务小组，达到了比较好的自治效果。

2. 形成“法治、德治、自治”三治融合的农村社区治理模式

注重法治，有序推进乡村治理工作。村民自治试点期间，钟山县共开辟了 13 个法治宣传栏，开展民事调解宣传，建设好村级警务室，开展禁毒宣传，推进村级综治，走依法治乡之路。针对农村实际情况，以农民切身需求为把手，加强农村普法教育，推进法律援助进村、法律顾问

进村，为村民提供了更加方便快捷的法律咨询服务，让更多的农民真正懂法、守法、遵法、用法，维护自己的合法权益。

充分发挥德治作用。在推进村民自治过程中，钟山县注重用道德规范约束村民行为，切实提高农村村民的思想道德素质。如清塘镇英家村通过红色英家建设达到德治目标，在红色文化的熏陶中发挥德治作用。在德治过程中，不断完善健全乡村道德评议机制，建立由威信较高、办事公道、有责任心、组织能力强的村民和老党员组成的道德评议机构，科学合理制定相应的章程和规则。结合村民实际情况充分发挥道德模范的榜样作用，以达到惩恶扬善的效果，在村内形成了良好的道德风尚。发挥乡贤文化，借助各种平台载体如红白理事会、道德评议会等，保证乡贤参与乡村建设的稳定运作。

坚持自治。各村民自治试验村建立健全了《自然村村民自治章程》《村规民约》《移风易俗制度》等村务管理制度，通过村民自我管理、自我教育、自我监督的方式解决发展难题。依托村民会议等途径，广泛开展民主协商活动，通过民情恳谈会、社区治理委员会、决策听证、民主评议等协商形式，保障每位村民的知情权、参与权、表达权和监督权，实现地方基层政府治理与村民自治的衔接互动。钟山县还适时地运用互联网技术，为村民开通网上沟通渠道，创新村民自治路径，激发了村民建设美丽乡村的内生动力。

3.4.3 村民自治助推乡村可持续发展的主要成效

钟山县通过开展建设自然村或村民小组一级的村民自治群众组织的试点工作，在产业发展、生态保护、乡风文明、乡村治理等方面有了较大成效，对乡村可持续发展起到了有效推动作用。

1. 促进产业兴旺，增强新动力

在基层党组织的带领下，开展以村民小组为基本单元的村民自治，通过村民理事会调动村民参与农村公共事务管理的积极性，推动了产业的发展，保障了乡村的可持续发展。

钟山大田村党小组成员在介绍基本经验和做法时提到，在推行村级组织新的管理制度中，大田村积极发挥村“两委”作用以及党员的先锋模范作用，党群理事会主动知民情、解民忧、帮民困，拓展农村生产力，推动产业兴旺，共同担负脱贫攻坚的重任。大田村通过村民自治的生动实践，发展优质稻谷、水果、蔬菜以及土鸡、罗非鱼等种养产业，为农村剩余劳动力找到了出路，推动了乡村产业的多元化发展。在谈及大田村的巨变时，该村理事会成员自豪地说道：“2014 年，我们村是一个名副其实的‘空壳村’，村集体经济收入为零，人均可支配收入只有 3000 元。经过几年的努力，村里不但变美了，产业也日益兴旺。2019 年，村集体经济收入 29.9 万元，人均可支配收入增至 10050 元。”由于成效突出，大田村先后获得 2015 年自治区级传统古村落、2017 年广西三星级乡村旅游区、2018 年度“全国生态文明村”等称号。

在村民自治的创新实践中，钟山英家村以红色文化为载体，通过红色景区的打造促进红色文化的传播和旅游业的良性发展。同时，通过村民自治充分调动村民投身产业发展的积极性和创造性，大力发展绿色果业，调整农业产业结构。成立了贺州市第一家村级供销社。2007 年成立了英家大头菜生产专业合作社，按照“规模化、产业化、标准化”的发展思路，不断致力乡村产业的发展，成为新时代乡村振兴的典范。2020 年，英家村上榜“全国乡村治理示范村”。

2. 推进生态宜居，展现新面貌

大田村村民自治形成了“一党一会五小组”的村民自治新模式，即一个党支部、一个党群理事会，下辖综合治理小组、卫生文明监督小组、社会保障服务小组、生产服务小组和公益事业服务小组，其中卫生文明监督小组在有规可循的基础上，解决了生态乡村建设难题，包括污水处理、垃圾处理以及基地置换难题，带动了当地生态建设和生态经济的发展。如今的大田村，彻底改变了早几年“脏乱差”的现象，进入“宜居乡村”建设阶段，建成了“望得见山、看得见水、记得住乡愁”的宜居生态乡村，实现了由传统古村落到广西四星级乡村旅游区的蝶变。该村先后获得“自治区级传统古村落”“广西三星级乡村旅游区”“全国生态文明村”等荣誉称号，不断擦亮生态“金名片”，增强了人民群众的获得感和幸福感。

清塘镇东平村的村民理事会在生态治理方面也发挥了极其重要的作用。经过清塘村民们的集体努力，整个乡村风貌发生了巨大变化，被评为“美丽广西”乡村建设示范村。

3. 助力乡风文明，塑造新风尚

实行村民自治管理促进了乡风文明的建设，赋予了乡风文明新的风尚。在村民自治的过程中，钟山县通过各种渠道促进农村社会风气的转变，逐渐形成好习俗、好风尚，建立与时俱进的精神支撑。

注重传承创新乡村文化。古楼村文化长廊的修建，为规范和保障村民参与民主治理提供了平台，指引着农村乡风文明沿着正确方向健康发展。古楼村村干部表示：“看似一件普通的小事，却折射出古楼村的文明乡风。文化路不是一条简单的产业路，它凝聚了村民对家乡建设的热情。”这条道路成了做“活”农村文化，育“实”乡风文明的载体，不断推动村容村貌、村风民俗、乡村道德等工作再上台阶，既净化了乡村人文环境，又提升了乡村文明程度，让村民在潜移默化、耳濡目染中传承弘扬优秀传统文化。

注重发挥村规民约的治理效能。村规民约执行得好，自我约束能力就高。在村规民约制定的过程中，英家村村民主动参与村规民约的制定，真正发挥“村规民约”的主体性，通过村民参与，让村规民约内化于心，外化于形，不仅维护了全村的团结和稳定，而且形成了良好的社会风气。2018 年，英家村被评为“自治区五星级党组织”“钟山县文明村”，2019 年喜获“全国乡村治理示范村”。

4. 促进乡村治理，焕发新活力

以自然村或村民小组为单元推进乡村自治，核心价值就在于充分调动村民群众参与乡村治理的积极性、主动性和创造性。就社会矛盾的调解而言，自然村或村民小组可以及时调解矛盾纠纷，赋予乡村治理更加自主的活力。

乡村发展过程中不可避免地会发生各种矛盾和纠纷，农村矛盾纠纷主要表现为征地纠纷、土地承包纠纷、拆迁纠纷、坟墓纠纷、婚姻纠纷、养老纠纷、邻里纠纷等。在处理农村矛盾纠纷的过程中，充分发挥自然村或村民小组的治理功能，让群众遇到问题由“马上找村干部解决”变为“家门口的事自己协调解决”，邻里纠纷、土地纠纷等农村时有发生的问题经过调解，80%以上都在村民内部化解，有效遏制了各类不稳定事件的进一步发生，更好地将农村不稳定因素化解在基层，维护了乡村和谐稳定。

荷塘村在组织村民小组讨论的基础上，立足于群众的最大利益，听取村民的意见和建议，协商解决征地和拆迁工作，有效化解村民矛盾，推进工作的顺利进行。英家村在积极探索村民自治实践中形成了“法治、德治、自治”三治融合的农村社区治理模式，促进了基层民主。英家村既重视工作形式，更重视效果，形成真正意义上的村民自治氛围，于2019年被评为“全国乡村治理示范村”。在开展“英家六·五起义”纪念活动的过程中，英家村还充分发挥英家革命老区村民理事会的引领作用，该村群众代表在介绍情况、总结经验时说道：“村民自己当导演，齐心协力组织舞龙舞狮，积极传承红色文化，牵头带领村民全面推进乡村振兴。”有效实现了村民自我管理、自我教育和自我服务，乡村治理焕发新的活力。

5. 推动生活富裕，彰显新气象

村民自治与村集体经济的发展相得益彰。从加快农业现代化进程的经验和规律来看，村民自治好的村庄，无论是乡风文明还是经济发展，都表现更好。在这个过程中，农民的政治参与能力获得了显著提升，兴办集体经济的积极性越来越高，进而更好地引领村民走上生活富裕的道路。钟山县通过推进以自然村或村民小组为单元的村民自治，有效地激发了当地村民发展生产的积极性，因地制宜发展乡村特色产业，重新激发了乡村经济发展的活力。

通过试点建设，大田村从一个缓慢发展的小村庄逐渐成了充满发展活力的新农村。该村的多数村民都认同："村民小组是村集体经济的重要力量，发展壮大村集体经济是实现农民共同富裕的重要法宝"。大田村共有4个自然村，21个村民小组，原本经济结构单一，主要农作物以花生、水稻为主。在推进以村民小组为单元的村民自治过程中，村民谋划乡村发展的自主性得到激发，根据村情实际大力推进产业扶贫，切实解决了乡村产业发展过程中融入难、效率低、成效差等现实问题。如今村容村貌发生了巨大的变化，村民精神面貌焕然一新，村内环境干净整洁，村级经济良性发展，村民富裕程度高，在壮大集体经济、群众共同富裕的道路上大步向前。大田村脱贫户杨某说道："因为车祸原因，身体干不了重活，村里安排我到牛蛙基地务工，每天给牛蛙投喂饲料，每月有2500元收入，非常感谢扶贫车间对我的关照。"

古楼村村民理事会成员介绍，"村主任是我们古楼村的致富能手。今年主任带着大伙种植烤烟70亩，优质稻50亩，马蹄30亩，同时也是草药大户，通过承包的形式带动贫困户发展经济，脱贫致富。"这些事例在一定程度上说明，村民自治与村民福利的改善是一种双向互动关系。在村民自治落细落实的过程中，让农民能够切身体会到村民自治的开展与共同建设美好幸福生活是深度关联的。农村基层治理越有活力，美好幸福的生活就越现实。

3.5 钟山县村民自治持续拓展面临的主要问题

钟山县被确定为全国首批农村社区治理实验区之后，通过共同努力，初步构建了村民自治新格局，有效地推动了乡村振兴的可持续发展。但是，钟山县作为“进一步拓展村民自治体制机制，注重建设以自然村或村民小组一级的村民自治群众组织”实验单位，要持续拓展探索，还面临着不少需要解决的问题：村民自治体制不够健全，未能全面满足现实的需求；村民自治机制尚未完善，未能高效发挥村民自治效能；农村集体经济发展还不充分，村民自治的经济保障作用有待进一步加强；村民政治素质较低，政治参与能力不强，自治主体能力有待提升；多层治理主体之间的权责关系不够明确，治理合力有待增强，等等。

3.5.1　村民自治体制有待健全

1. 以自然村或村民小组一级的村民自治体制不够健全

由于钟山县新的村民自治体制探索时间还比较短，尚不成熟，相关的配套制度还不完善，需要在实践中不断探索创新。比如，在已经初步形成的“村级党组织 + 村民委员会 + 村监督委员会 + 村民代表 + 村民小组长 + 村民小组 + 村民”的村民自治新格局中，还要进一步健全自然村村代表参与、村民小组组长选举等制度；又如，在已初步形成的“村党总支 + 村党支部 + 村民党小组”三级基层党组织体系中，还要健全“村到组 + 组到户 + 户到人”三层党建网络制度，使自然村或村民小组一级的村民自治群众组织更健全、更有效。

2. 村务公开制度不够健全

村务公开是村民自治的重要环节。调研发现，目前钟山县村民自治过程中，村务公开制度亟待完善，以便充分实现民主管理、民主监督，更好调动村民参与乡村发展、乡村建设、乡村治理的积极性、主动性和创造性。其中，乡村村务财务公开制度还不够统一规范。其他村务公开或多或少存在不同程度的问题，需要在村务公开的内容、程序、时间、形式、监督等方面加强，使之制度化、规范化。

3. 村民小组会议制度不够健全

村民小组会议是本组村民开展村民自治的重要组织形式。目前村民小组的会议制度还不够健全，如何推选村民选举委员会、如何推选本小组的村民代表、如何推选产生本村民小组组长等，都要进一步规范，以便更好地发挥村民小组会议制度在保障以村民小组为单元推进村民自治中的作用。

4. 民主监督制度不够充分

在村民自治过程中，开展民主监督往往没有与之配套的实施细则，缺乏常态化的监督机制，民主监督的渠道不够畅通，监督的形式较为单一，监督工作的随意性较大，缺乏规范性。调研发现，由于村务党务公开存在盲区，再加上村民的监督能力有限，监督意识较低，导致村民监督的实际效果并不明显。

3.5.2 村民自治机制有待完善

1. 自治主体的内生动力机制不足

数据显示，2013 年至 2020 年，钟山县财政收入增长缓慢。从前面的财政收入分析可看出，钟山县财政收入增长与财政支出增长差距大，且有差距不断扩大的趋势，财政收入不能满足支出需求，基层民主治理投入比较少，基层治理工作人员收入较低，导致自治主体积极性不高。在杨岩村调研时发现，以村民小组为基本单位进行自治，部分村民主动当家动力不足，一些地方村民小组长甚至出现轮流“当选”现象。主要原因是村民小组长一年工资收入不足千元，而村民小组长的责任大，任务重。在大田村调研时发现，村民自治下沉到自然村，由于村集体经济薄弱，政府补贴有限，村民小组长一年工资收入不到七百元，村民当选村民小组长的积极性不高，内生动力不足。

2. 村民自治干部人才供给不足

实施以自然村或村民小组为单元的村民自治，需要充分发挥村民群众的首创精神，但由于年轻干部普遍缺乏，老龄化比较严重，难以更好体现村民群众在村民自治过程中的首创精神。调研发现，目前村民自治普遍存在后备干部缺乏问题。在三联村调研时发现，目前村干部年龄普遍偏大，缺乏有开拓精神的优秀后备干部。由于目前村干部的待遇相对较低，导致个别村干部消极对待村务工作，有能力有文化有水平的村民又不愿意留在家乡发展。同时，空心化以及人才流失不仅导致当地劳动力的欠缺，也导致村民自治运行过程中的人手短缺、人才欠缺。钟山县农村人口比重大，农民外出务工比例大，农村人口空心化比较普遍，难以在人才上保障村民自治的实施。

3. 村民小组长选举机制不够完善

在实际运行中，村民小组的选举还不够规范，出现了有的村没有真正举行选举小组长，而主要由村委会直接任命的情况；有的村民小组长采取轮流当选或者抽签当选的方式。有的村民小组长虽然是通过选举产生，由于村里的年轻人基本都外出务工，当选小组长的年龄偏大，不少是退休的村干部。

4. 村规民约在村民自治中的作用有限

调研中发现一个值得关注的现象，年轻人比较尊重村规民约，但年纪大的却相反。有村民反映，村里虽然有村规民约，但是 50 岁以上的部分村民不重视村规民约，有破坏生态文明行为；部分 50 岁以上的村民不大愿意配合甚至阻碍征地、清坟等工作开展；在村里的婚嫁丧娶中，也存在铺张浪费、盲目攀比等现象。虽然大部分自然村都有村规民约，但要让村规民约真正发挥效力，还有比较长的路要走。

3.5.3　集体经济保障能力不强

经济基础决定上层建筑，村集体经济抗风险能力差、发展水平低，必定会影响村民自治的有效开展，无法为村民自治提供有力的财力支撑，甚至出现村民自治“空转”现象。

1. 村集体经济不足以保障村民自治需要

各自然村的集体经济较为薄弱，产业结构比较单一，缺少规模化的产业，重点产业和特色品牌少，村集体经济模式有待打造，现代化技术的运用水平有待提升。规模小，结构单一，经营模式与生产技术落后，抗风险能力不强。村集体经济发展不足，加上政府财政支持力度有限，资金供给不足，各自然村或村民小组经费短缺。有时出现村民自治所需经费由村民众筹或村委会干部、村民理事会成员垫付的情况。大部分村支书、村民小组长及社区工作人员工资水平还比较低，待遇保障落实不到位，薪资酬劳与经费问题制约了村民自治的有效开展。

2. 部分自然村落自然资源优势有待挖掘

部分自然村的现有资源丰富，地理位置优越，村干部能力突出，在政府资金和政策的重点扶持下，资源优势得到更好发挥，经济发展水平和治理效能不断提升，得到的扶持力度也越来越大。而有的自然村由于历史和主观原因等条件限制，特别是村民大多局限于眼前利益，缺少信任与沟通，抱团发展意识较弱，未能形成全村一盘棋的思想观念，资源优势未能充分发挥，村集体经济和支柱产业发展受限，导致村民自治的集体经济支撑力还不强。

3.5.4 村民参与自治积极性有待提高

1. 村民自治主体权责不够清晰

大部分村民受教育程度偏低，集体意识和主人翁意识不强，民主法治意识淡薄，责任担当意识较弱，对社区事务和村民自治的内容不了解，参与社区治理的热情有待提高，没有真正融入“自己当家做主”的村民自治环境之中，自治的内生动力不足。

2. 村民自治能力有限

总体来说，村民综合素质和综合能力还偏低，村民自治能力还有限。由于农村外出务工人员较多，在村民自治的民主推选环节就出现了“选人难用人难”的问题。村民的集体观念、法律意识淡薄，“等靠要”意识不同程度存在。在村的村民受教育水平普遍较低，无法跟上时代的步伐和掌握现代化的生产技能，也无法为乡村治理和乡村振兴可持续发展贡献自己的力量，农村普遍缺乏从事基层治理的人才队伍。同时，受到传统思想观念的束缚，部分村民主要依靠传统经验而不是靠制度参与社区治理，有的村民不支持、不配合村委会的各项工作，加大了村民自治的难度，影响矛盾纠纷的化解和农村社区建设进度。

3. 村民自治效果有待增强

部分自然村的村党组织多忙于日常事务管理，村民自治缺少长效机制。社区党建规范化和专业化水平有待提升，凝聚力和向心力有待增强。村民自治组织日常事务管理的公开度和透明度不够，各项方针政策宣传不到位，效果不佳，一定程度上造成乡村组织公信力下降，团结力、动员力不足。所有这些，极易影响村民自治的效果，民主选举、民主决策、民主管理、民主监督的实效性还有进一步增强。

3.5.5　村民自治主体权责还需要进一步理顺

在探索自然村或村民小组为单元的村民自治过程中，出现了多元主体治理的村民自治新格局，但要更好发挥多层治理主体的协同作用，在现实中还需要理顺多元主体的权责关系。

1. 村民自治主体权责不够清晰

在村民自治过程中，还需要进一步理顺村级党组织、村民委员会、村监督委员会、村民代表、村民小组长、村民小组、村民的权责关系，还需要进一步理顺村党总支、村党支部、村民党小组的权责关系，还需要进一步理顺党小组、党群议事会、户主会、党群理事会、群众大会的权责关系，还需要进一步理顺村党支部、村民小组长、村民理事会的权责关系等。

2. 治理资源不均导致治理责任落实程度不一

调研发现，由于政策扶持力度不均，造成不同乡村自治水平发展不平衡的问题比较突出。也就是说，部分农村地区由于资源较为丰富，上级政府对其帮扶和支持的资金就多，这些农村就能拥有较好的发展优势和乡村治理资源，治理责任落实较好。而一些农村地区资源缺乏，相应的政府政策扶持与发展资源也少，导致乡村治理缺乏资源，治理效率不高。

相应地，在治理资源充足的地方，发展较好的农村，基层自治队伍与“乡村精英”就相对集中，人才聚集力相对较强，能够更好地推动当地基层治理和实现乡村振兴的可持续发展。而治理资源匮乏、资金不足的地区则普遍存在“农村空心化”和“人才流失”的现象，也出现了“穷的自治更差，富的自治更好”的现象，迫切需要化解自治下沉与自然村萎缩之间的矛盾，以及治理精准化与基层政府财力不足的矛盾等。

3.6 钟山县村民自治助推可持续发展的对策建议

为了更好地推进农村治理能力和治理体系现代化，助推乡村可持续发展，满足农民美好生活需要，钟山县还需要不断拓展创新村民自治体制机制，持续推进建设以自然村或村民小组为单元的村民自治，以村民自治助推乡村可持续发展。

3.6.1 坚持党的领导、依法治理、人民当家做主三者的有机统一

1. 坚持党对村民自治的全面领导

党的农村基层组织是党在农村全部工作和战斗力的基础。在村民自治过程中，要把农村党组织建设摆在更加突出的位置，为村民自治提供坚强的政治和组织保证。在自然村或村民小组一级的村民自治过程中，要坚持党的领导，加强党组织建设，完善以基层党组织为核心的村民自治治理体系。

支部强不强，关键看“领头羊”，在村民自治过程中，选好“带头人”能带好“一班人”，要把领导班子队伍建设作为村民自治工作的重中之重。要把具有坚定政治立场、公正廉洁、真正为民服务、具有奉献精神，既能带头致富又能带领群众致富的党员选进领导班子中来，同时要积极吸纳那些思想作风正、观念新、懂经营的大中专毕业生、退伍军人、农村致富能手到村后备干部队伍中培养。

加强村民小组党组织建设。当前钟山县大部分自然村都成立了相应的自治小组，选举小组组长开展村民自治工作。为了更好发挥村民小组在村民自治中的作用，村级党组织要加强对村民小组工作的领导。成立村民小组后，必须真正使村民小组这个最基层的组织细胞活起来，充分发挥村民小组在村民自治中的作用。

进一步明确村民小组长的工作职责，当好农村发展的“领头雁”，当好民情民意的“代言人”，当好促进和谐的“稳压器”，当好富民政策的“宣传员”，当好乡村振兴的“先行者”。各自然村要结合村民小组长的工作性质和自然村的实际情况，确定小组长的工作内容和职责范围，建立规章制度，严抓组内纪律，规范小组长和组内成员的行为规范。各村民小组要经常抓组内工作，按时向党支部汇报工作和组内情况，使党支部能够及时了解党员和群众的情况，及时解决群众的困难，在工作安排和科学决策上掌握主动权。

持续建强“村党总支 + 村党支部 + 村民党小组”三层党组织体系，建强“村到组 + 组到户 + 户到人”三层党建网络。充分发挥村级党组织在“村级党组织 + 村民委员会 + 村监督委员会 + 村民代表 + 村民小组长 + 村民小组 + 村民”的村民自治格局中的带动引领作用，充分发挥党员示范带头作用。切实发挥基层党组织在党群理事会、乡贤理事会中的领导作用，充分发挥党支部（党小组）在村民自治中的战斗堡垒作用和党员先锋模范作用，充分发挥党支部（党小组）在“自治 + 法治 + 德治”三治融合乡村治理中的领导带动作用。

2. 推动乡村依法治理

法者，治之端也。法治是乡村治理的必然选择。在推进村民自治过程中，钟山县还需要从以下几个方面下功夫，进一步推动乡村依法治理。

首先是提高村民干部群众的法治意识和能力，要加大乡村法治宣传教育，让村民干部群众知法懂法用法，遇事找法，化解矛盾纠纷靠法，解决问题用法。通过建设乡村法治长廊、法治广场、农家书屋等法治宣传阵地，不断提高村民干部群众依法治理的意识和能力。

其次，进一步完善村务公开制度，做到村务在事前、事中、事后都得到公开。进一步规范村务公开的内容、程序、时间、形式、监督和管理办法，努力做到凡是和群众利益相关的、群众关心的热点难点问题及时公开，要积极探索村务公开的有效方式，借用乡村的村务公开栏、户外LED屏宣传栏、手机聊天软件等形式告知全体村民。此外，还应发动群众对村党支部、村委会、理事会、村民小组组长进行监督，并鼓励各自治组织和自治主体相互监督，力争形成一种相互制约、相互促进的民主监督机制。

3. 切实让村民当家做主

村民更好当家做主，建议学习“枫桥经验”。“枫桥经验”的内容就是“自己的事情自己做，自己的问题自己解决”“发动和依靠群众，坚持矛盾不上交，就地解决，”“党政动手，依靠群众，预防纠纷，化解矛盾，维护稳定，促进发展”，就是让大部分问题都在村一级或者自然村一级得到解决。

让村民更好当家做主，在初步形成的村民自治格局中，充分发挥村民小组长、村民代表、村民在乡村治理中的主体作用，充分调动这些治理主体在乡村振兴中的积极性、主动性和创造性。充分发挥各类治理小组的主体作用，形成治理合力，推进乡村振兴。

为了让村民小组长更好地带动村民当家做主，建议提高村民小组长的工资待遇。通过合理提高村民小组组长的工资报酬，调动小组长的工作积极性。同时注重对村民小组长的精神奖励，对表现优秀的小组长，召开相关的表彰大会颁发荣誉证书。此外，要重视对村民小组长的培养，积极开辟村民小组长进入村级班子的渠道，把自然村中一些年轻有为、政治觉悟较高、工作能力较强的优秀人员吸纳到小组中来。加强村民小组长的培养和管理，待条件成熟时，通过规定程序，把成熟的小组长或小组成员充实到村级干部队伍中。同时，要提高党员在村民小组队伍中的比重，加大对小组成员的培养力度。

3.6.2　进一步健全村民小组自治机制

村民委员会是村民自治的群众组织，但不是实现村民自治的唯一组织形式，其他各种类型组织是村民自治有效实现的重要补充。要继续建立健全村级党组织领导下的村民小组自治机制，发挥党小组、村民小组会议、村民理事会在村民自治中的作用，实现村民自治向纵深发展，使村民自治组织真正下沉到最基层。

1. 全面加强党小组对村民小组的领导效能

要充分发挥村级党组织在村民自治中的领导作用，引导村民小组依法有序开展村民自治。各党小组要对事关村民切身利益的重大事项、重大问题全面把关。为此，有必要探索推广把党小组建在村民小组之上的形式，借鉴栾川县经验，采取单独建、联合建等方式，在各村民小组中的党小组应建尽建，让党的领导、党的政治优势、组织优势落实到最基层。建立健全党员直接挂联村民小组的联系制度，可采取“一对多”挂牌等方式，让党员发挥带领、动员、教育、沟通、协调的作用，带动本村民小组推进乡村振兴。

2. 优化村民小组会议在村民自治中的运作机制

规范村民小组长的推选机制。钟山县的自然村有同姓的自然村、同族的自然村、多姓自然村等，简单来说每个自然村相当于一个熟人社会。村民小组长的推选方式可参照村两委的选举办法，但又要有所区别。由村民以不记名的方式选出候选人，村两委和村民代表首先要对候选人进行资格审查，对不符合村民小组长条件的人员进行否决。在投票环节要做到公开、公正，村两委以及村民不得诱导胁迫村民选举，采取“集中投票、匿名写票、公开唱票”等方式开展选举村民小组长。

健全完善村民小组会议制度。明确村民小组会议的人员范围、组织办法、议事规则；详细划定应当由村民小组会议讨论决定的重点事项，做好“一事一议”；实行村民小组重大事项报告制度，对涉及村民利益的重大事项，要及时向村党组织和村民委员会报告，可以定期报告或即时汇报，促进村民小组在村党组织的领导下依法有序开展工作。此外，村民小组召开会议时，突出问题导向，由组员向小组长提交讨论的议题，通过村民小组会议讨论最终形成决议，并及时将决议结果向村委会上报。

3. 发挥以村民小组为单元的村民理事会的自治作用

健全村民理事会运行机制。村民理事会是村民自治的有效实现形式，在保持现有村委会设置格局下，以村民小组或自然村为基本单元建立村民理事会，代表村民管好村民小组范围内或自然村范围内的公共事务，开展协商议事、矛盾纠纷化解工作，推进乡村生产振兴、文化振兴、生态振兴等事项，实行民主管理和监督。

村民理事会配合、协助村委会开展工作，村委会对村民理事会的工作要给予及时的指导。除此之外，要明确村民理事会的职能范围，结合本组实际情况履行自治职责，主要负责开展议事协商、实施组务公开、调解矛盾纠纷、开展公共服务、倡导文明新风、形成监督体制等工作。

合理设定村民理事会成员的职位数。一般为 3 到 5 名，职位数多少可依据村民小组人口数量而定。提倡村民小组长与村民理事会理事长互相兼职，鼓励本村民小组的党团员、创业致富能手等加入理事会。要克服家族、宗族势力对村民理事会的影响，确保有觉悟、有情怀、有能力的年轻人进入村民理事会。要激发理事会成员内在发展动力，可以考虑将理事会成员作为村委会后备干部储备，在村干部选聘的过程中优先推选。

3.6.3 建立结对帮扶与服务优先的自主互助体系

1. 建立结对帮扶的自主互助体系

建立结对帮扶的自主互助体系，帮助本村的低保户、“三留守”、残疾人等困难群体。建议党员以及村民理事会成员要有计划地挨家挨户进行情况摸底，准确掌握本村住户的家庭基本情况，特别是要深入了解本村困难群体在生活、经济、教育、医疗等方面存在的困难，尽可能为他们提供日常生活和生产活动中所需要的帮助，提高特殊困难群体抵御风险的能力。

一是帮困难群体分析适宜种植的农作物品种，立足于本村的土地、气候等客观条件，引导困难群体因地制宜地发展特色产业，为他们提供各类生产和生活服务信息。此外，政府要积极鼓励本地区产业特色发展，带动一批、成长一批，不断实现规模化、产业化，发展各级各类龙头产业，并且通过这些产业带动农村地区的经济发展。二是提供技术培训机会，引荐经验丰富的技术指导团队对农民进行种植技术指导，向农民普及科学的农业种植知识和成熟的技术，引导农民在产业产品生产中加大科技投入，在营销上充分利用互联网电商，实现销售无边界，不断健全农村产业化商务链。三是解决土地撂荒问题。帮助拥有土地使用权，但是劳动力、资金严重不足的特殊困难家庭寻找土地承包商，减少土地撂荒浪费现象，增加困难家庭的土地租赁收入。

2. 建立服务优先的自助互助体系

坚持服务优先的原则，以保障村民的生产生活水平、丰富村民的精神世界为宗旨，以服务村民为工作的出发点和立脚点，充分调动村民积极性，通过自筹资金、自主建设、自我管理的方式，建立和完善村民的自我服务体系，提高村民自助互助能力。

（1）持续搭建好自治平台。一是在尚未成立村民理事会的村庄，村委会要积极引导村民组建村民理事会或党群理事会，选举德高望重的人担任理事会成员。二是充分调动自治主体的积极性，发挥党员的先锋模范作用，团结凝聚乡贤的力量，为推进村民自治工作建言献策。三是在村委干部、党支部的带领下，理事会牵头引导村民立足于本村的实际情况，科学合理制定农村自治相关条例，进一步规范村民自治行为。

（2）建好活动场地。一是以完善农村各种功能为抓手，建好乡村文化活动广场和村级文化活动中心，完善功能室等基础设施，为村民提供学习知识、发展个人爱好的场地。二是完善体育设施，建好公共健身中心、各类球类场地，为村民提供健身场地。

（3）发挥阵地作用。一是以农家书屋、图书馆为阵地，开展阅读演讲、开设阅读讲座、开展农业技能培训，吸引群众走进书屋，提升农民群众的科学文化素质。二是以镇、村文明实践所（站）为阵地，开展各类普法讲座和面对面宣传，提升广大群众的法律意识。三是以文明实践志愿服务队为中心，发动、组织群众参加各类文明志愿服务活动，提升村民文明素质。

（4）开展“走心”宣讲。一是发挥“一约四会”作用，引导村民议事会、道德评议会、禁赌禁毒会、红白理事会等村民自治组织，结合传统节日、农村习俗，开展与农村群众生产生活相关的宣传工作。二是将理论学习、农技培训改到田间地头，实地学习，现场操作，强化农民理论与实践结合能力。三是以身边人说身边事，邀请农村“五老”、德高望重的乡贤和身边“好人”，讲解村规民约，叙说先进事迹，传授文明新风，推进移风易俗。

3.6.4 推进数字化乡村基层治理

在信息化时代，互联网与数字平台是乡村治理的重要载体，能够助推村民自治效能的提升。

1. 加大乡村信息基础设施资金投入

政府应当加大村落信息化基础设施的投入，同时要合理分配投入资金，防止各村落之间的发展和建设不平衡。另外，乡村信息基础设施作为公共物品，可以考虑引进社会资本，开展第三方合作，实现三方的合作共赢。在有条件和有需求的地方，可以引进适合乡村振兴特点的相关技术和软件设备。信息基础设施的建设，既可以有效缩小农村与城市之间的数字鸿沟，为广大村民提供更多可选择的信息渠道，也可让村民群众及时了解乡村治理情况，营造内容更加精细化、简单化、智能化的治理环境和氛围，推动村民积极主动参与村民自治，实现乡村治理的数字化。

2. 打造“互联网 + 乡村经济模式”

通过“互联网 +”模式促进产业兴旺和经济发展。鼓励发展电子商务，推广大田村经验，推行“互联网 + 农产品”电商，使优质的稻谷、水果、蔬菜以及土鸡、罗非鱼等农产品找到更为广阔的市场，精简销售程序，节约成本，提高经营效率。推广清塘镇做法，积极推行“互联网 + 产业”模式，提高传统产业生产效率，简化销售和经营环节，提升产品的附加值，有效推动产业结构的转型升级，形成规模化、产业化、标准化，提高服务水平。鼓励发展“互联网 + 乡村农业旅游”，让互联网信息平台赋予当地旅游资源和农业资源新的生命力，拓宽与外界交流，让钟山县特色农产品、手工艺品等走出大山，让世人发现和走进钟山，实现“走出去，引进来”。

3. 提高村民数字化治理能力

数字乡村治理离不开村民信息化素养的提高。要提高村民群众和乡村干部的数字治理水平和能力，激发大家对建设数字乡村和推进数字治理的积极性、主动性和创造性。可通过定期开展数字能力培训课程，帮助其掌握和更新相关知识和技术，提高数字治理能力。政府要加大乡村相关信息人才的培养，打造一支既了解乡村治理工作、又具备一定数字化技术理念的专业人才队伍。加大对于相关人才的引进力度，鼓励本土的技术人员与村民分享技术与经验，培训引导村民实现数字治理目标。

第 4 章

农村社区治理实验区与乡村可持续发展：以富川瑶族自治县农村社区治理为案例

农村社区治理是国家治理的重要组成部分，推进农村社区治理社会化、自治规范化和服务标准化，是实现国家治理体系和治理能力现代化的必然要求。2017 年 12 月民政部下发《关于同意将北京市房山区等 48 个单位确认为全国农村社区治理实验区的通知》，富川瑶族自治县被确认为首批实验主题为“推进农村社区治理社会化、自治规范化和服务标准化”的全国农村社区治理实验区。该县抓住建设首批全国农村社区治理实验区的难得机遇，紧紧围绕实验主题，做好顶层设计和规划布局，创新社区治理体制机制，扎实推进各项实验任务，在乡村治理方面取得了较大成效，促进富川瑶族自治县各村镇奋力实现“产业兴旺、生态宜居、乡风文明、治理有效、生活富裕”的目标。

为进一步探究富川瑶族自治县推进农村社区治理实验区的经验，加强对农村社区治理社会化、自治规范化和服务标准化的研究，为全国农村社区治理体系的现代化提供典型示范和参考，本研究以富川瑶族自治县农村社区治理为典型个案进行研究。

富川瑶族自治县自被确立为实验区以来，在全县持续开展了农村社区治理社会化、自治规范化和服务标准化实践，积累了大量宝贵经验，形成了农村社区治理现代化与乡村振兴互动共赢的富川模式，彰显了富川瑶族自治县农村社区治理的特色，助推了乡村振兴可持续发展。

在推进农村社区治理过程中，该县仍然存在着社会力量参与治理程度不高、自治规范化的总体程度有待提升、缺乏足够资金投入和保障等问题，在未来农村社区治理助推可持续发展的实践中，需要进一步构建多元主体治理体系，进一步推进乡村社区自治规范化，进一步推动乡村社区服务标准化。

4.1 全国农村社区治理实验区富川瑶族自治县概况

富川瑶族自治县介于东经 115° 5′ ~111° 28′，北纬 24° 37′ ~25.9° 9′ 之间，位于广西壮族自治区的东北边缘，隶属于广西壮族自治区贺州市，地处湖南、广西、广东交界处的都庞、萌渚两岭余脉之间，属贺江上游流域。

该县东与湖南省江华瑶族自治县相连，南与贺州市钟山县相接，西与桂林市恭城县相望，北与湖南省江永县相邻。全县南北纵距 59 公里，东西横距 41 公里，总面积共 1572 平方公里，县境内 207 国道、203 省道、206 省道、道贺高速公路、洛（阳）湛（江）铁路穿境而过，具有珠三角上风上水和“三省通衢”的独特区位优势。

富川瑶族自治县下辖富阳镇、白沙镇、莲山镇、古城镇、福利镇、麦岭镇、葛坡镇、城北镇、朝东镇 9 个镇和新华乡、石家乡、柳家乡 3 个乡，共 137 个村委 19 个社区，县政府驻富阳镇新建路。各乡镇由于土地面积、人口规模和资源的不同，因此具有不同程度的发展和乡镇特色（见表 4–1）。第一大镇富阳镇市场贸易繁荣，商业和饮食服务业发达；自然资源十分丰富的白沙镇是该县拥有工业企业数最多的乡镇；贺州市重点小城镇之一的莲山镇是全县的主要产粮区和水果生产基地；县城“半小时经济圈”的古城镇以农为主，以工富镇，农林牧副渔齐发展；县商品粮基地之一的福利镇是烤烟、水果、反季节蔬菜的主要生产基地；富川北大门之称的麦岭镇以盛产春烤烟、水晶米和茶油面而闻名；207 国道穿过的葛坡镇建立农业商品生产基地，“白牛脐橙”“葛坡蜜枣”等品牌享誉区内外；贺州市经济进步乡镇的城北镇大力发展春烤烟种植和水果种植；自治区文明乡镇的朝东镇风景迷人、人文景观独特；以春烤烟为经济支柱产业的新华乡是区、市、县烟叶主产区之一；柳家乡建成特色农业基地。各乡镇大力发展特色产业和乡土文化，共同促进该县乡村可持续发展。

表 4–1　富川瑶族自治县 2020 年末各乡镇基本概况

乡镇	行政区面积（km^2）	人口（万人）	社区（个）	行政村（个）	工业企业（个）	规模以上企业（个）	$50m^2$ 以上综合商店（个）
富阳镇	213.65	9.11	8	18	12	10	219
白沙镇	90.25	1.44	1	6	27	3	7
莲山镇	91.20	2.89	1	11	6	6	16
古城镇	42.99	2.40	1	9	7	2	201
福利镇	90.89	2.28	1	10	–	–	80
麦岭镇	191.37	2.41	1	13	1	1	50

续表

乡镇	行政区面积（km^2）	人口（万人）	社区（个）	行政村（个）	工业企业（个）	规模以上企业（个）	$50m^2$ 以上综合商店（个）
葛坡镇	98.98	2.12	1	12	–	–	20
城北镇	122.99	2.40	1	11	15	–	34
朝东镇	217.42	3.55	1	21	16	–	19
新华乡	104.35	2.13	1	10	3	–	93
石家乡	89.69	1.53	1	7	6	–	8
柳家乡	163.83	1.84	1	9	1	1	12

注：规模以上工业企业个数指年主营业务收入 2000 万及以上的工业企业的个数。
资料来源：《中国县域统计年鉴 2021（乡镇卷）》。

4.1.1　地理环境

1. 地形地貌

富川瑶族自治县地形多种多样，可分为山地、台地、丘陵、石山、平原、水面六种类型，山区面积广大，具有“山国”之称。四面诸山环拱，中间低落，略呈椭圆形盆地，地势北高南低。富江从北而南贯流其间，像个“川”字，可用“五半山岭四平原，半分川水绕田园”来形容。

2. 气候特征

富川瑶族自治县位于北回归线以北，属于典型的亚热带季风气候。夏季盛行暖湿海洋季风，冬季盛行干冷大陆季风，因其地处都庞岭和萌渚岭余脉峡谷之间，南北风向要口冬季风强盛，素有“大风走廊”和“小东北”之称。四季分明，冬寒夏热，春暖秋凉，温凉适度，寒暑适宜，适宜人们居住，利于农作物生长和发展旅游业。

4.1.2　自然资源

1. 土地资源

富川瑶族自治县总面积为 1572 平方千米，约为 235.8 万亩，在贺州市下辖的五个区县中，该县域土地面积排名第四，仅高于钟山县。主要的六种土地类型中，山区面积广大，平原谷地和山地所占面积最多，丘陵和台地占地面积相对较少。其中主要用地有耕地、园地、林地、草地、城镇村及工矿用地、交通运输地等。

2. 水资源

富川瑶族自治县境内多溪涧河流，大小河流纵横交错，呈叶脉状分布，境内水系发达，主要河流有富江、秀水河、新山贵冲等。该县域还因多处被强烈挤压破碎的褶皱和断裂，形成了地下水富集地带，地下河和泉井颇多。县域内丰富的地表水和地下水，不仅为当地居民的生产、生活、发电、灌溉提供了丰富的水资源，还形成了“秋水共长天一色”“小桥流水人家”的独特自然景观。

3. 矿产资源

富川瑶族自治县地处南岭成矿带的中段，区域成矿地质条件优越，矿产资源较为丰富，此处开采矿石的历史最早可追溯到明朝万历时期。县域内主要拥有黑色金属矿产、有色金属矿产、非金属矿产和能源矿产等四大类具备开采价值的矿产，其中藏量丰富的有铁、锡、铜、锰、花岗岩等十多种矿产。

4. 动植物资源

富川瑶族自治县全年气候温暖、水量丰富，再加上复杂多样的地形地势，为动植物的生存和发展提供了有利的环境条件。县境内动植物物种丰富，拥有哺乳类、鸟类、爬行类、两栖类和鱼类等物种，其中有角鸡、金钱豹、麋鹿等国家保护动物。植物主要以常绿阔叶林为主，还蕴藏着上百种药用植物，例如健脾宁心的茯苓、泻火解毒的黄连、清热解毒的金银花、活血通经的麝香、除湿利便的石燕、清热凉血的山枝子、养阴清热的天冬、宣肺利咽的桔梗等。

4.1.3　经济发展

富川瑶族自治县深入实施“生态立县、富民强县”发展战略和“变经济后发为循环先发，变生态优势为生态产业”发展思路，着力促进县域经济结构调整和产业转型升级，不断推动富川科学发展和绿色崛起。从表 4–2 中可知，在“十二五”后三年与“十三五”期间，全县地区生产总值逐年递增（见图 4–1），经济发展呈稳定增长势态，2020 年全县地区生产总值突破 90 亿元，人均生产总值为 34492 元，但还是远低于广西 2020 年人均生产总值 44309 元的水平，处于广西的中下游水平。2013–2020 年间，城镇和农村居民人均可支配收入呈上升趋势（见图 4–2），城乡居民收入稳定提升。2020 年该县城镇居民人均可支配收入 31853 元，同比名义增长 2.8%；农村居民人均可支配收入 13306 元，同比名义增长 9.1%。城乡居民人均收入倍差 2.39，比上年缩小 0.15 个百分点，收入差距持续缩小。截至 2020 年，全县 58 个贫困村、21113 户 95709 名贫困群众全部脱贫。

表 4–2　富川瑶族自治县 2013–2020 年地区生产总值和人均生产总值

年份	2013	2014	2015	2016	2017	2018	2019	2020
地区生产总值（亿元）	56.02	57.61	64.12	69.64	74.83	82.04	88.19	91.90
人均生产总值（元 / 人）	21632	22202	24623	26607	28412	30982	33197	34492

资料来源：广西统计年鉴（2014–2021 年）。

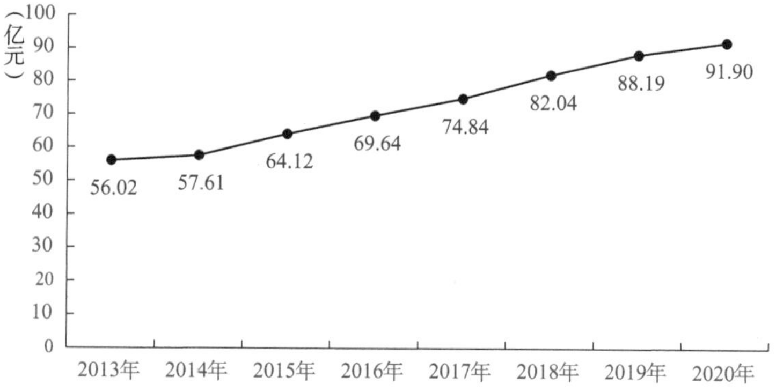

图 4–1　富川瑶族自治县 2013–2020 年地区生产总值情况

资料来源：广西统计年鉴（2014–2021 年）。

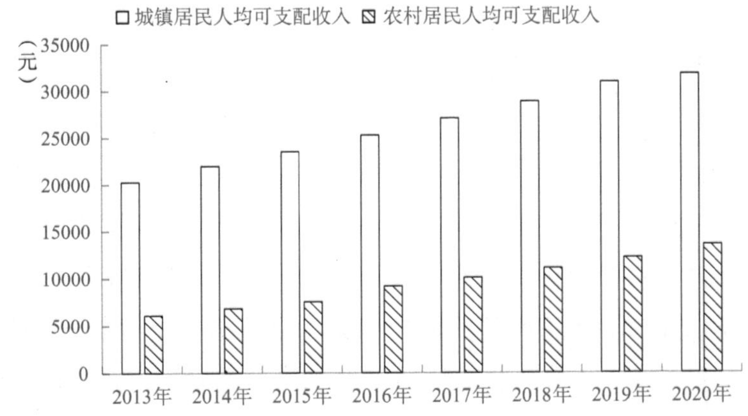

图 4-2　富川瑶族自治县 2013-2020 年城乡居民人均可支配收入情况

资料来源：广西统计年鉴（2014-2021 年）。

1. 公共财政收支

2013-2020 年间，富川瑶族自治县公共财政收入变化平缓，甚至呈轻微下降趋势，而财政支出总体上呈现逐年增长的态势（见图 4-3）。该县对于财政资金的需求越来越大，导致财政收支的差额逐年增加。富川瑶族自治县的公共财政收不抵支，对全县维持各项事业的发展是一个制约因素。

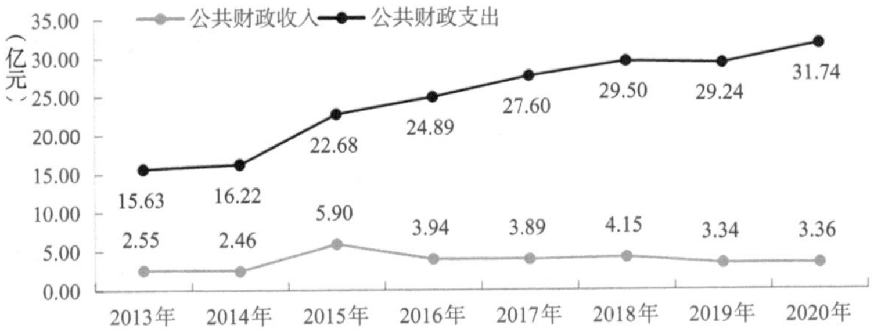

图 4-3　富川瑶族自治县 2013-2020 年公共财政收支变化情况

资料来源：广西统计年鉴（2014-2021 年）。

2. 三产情况

（1）三产结构情况

2020 年，富川瑶族自治县全县地区生产总值完成 91.9 亿元，同比增长

3.6%。其中，第一产业增加值31.31亿元，同比增长8.2%，拉动GDP增长2.8个百分点；第二产业增加值27.91亿元，同比下降2.9%，拉低GDP增速1个百分点；第三产业增加值32.68亿元，同比增长5.5%，拉动GDP增长1.8个百分点；全县三次产业结构进一步优化升级（见图4-4），由2015年的36.14∶34.68∶29.18调整到2020年的34.07∶30.37∶35.56，三产结构占比较为均衡。从表4-3和图4-5可以看出，2013-2020年间，第一、二、三产业增加值对生产总值的贡献较为均衡，总体上呈逐年上升趋势，增长较为平稳，年均增幅在10%左右，全县经济发展呈稳定增长态势。

图4-4　富川瑶族自治县2015年（左）和2020年（右）三次产业结构分布比例

资料来源：富川瑶族自治县政府。

表4-3　富川瑶族自治县2013-2020年三次产业总量变化情况

单位：万元

年份	生产总值	第一产业	第二产业	第三产业
2013	560161	170040	262981	127140
2014	576146	186995	227423	161728
2015	641174	231700	222374	187100
2016	696439	249017	236547	210876
2017	748373	269016	232165	247193
2018	820400	279676	265169	275555
2019	881886	284861	292232	304793
2020	919049	313128	279147	326774

资料来源：广西统计年鉴（2014-2021年）。

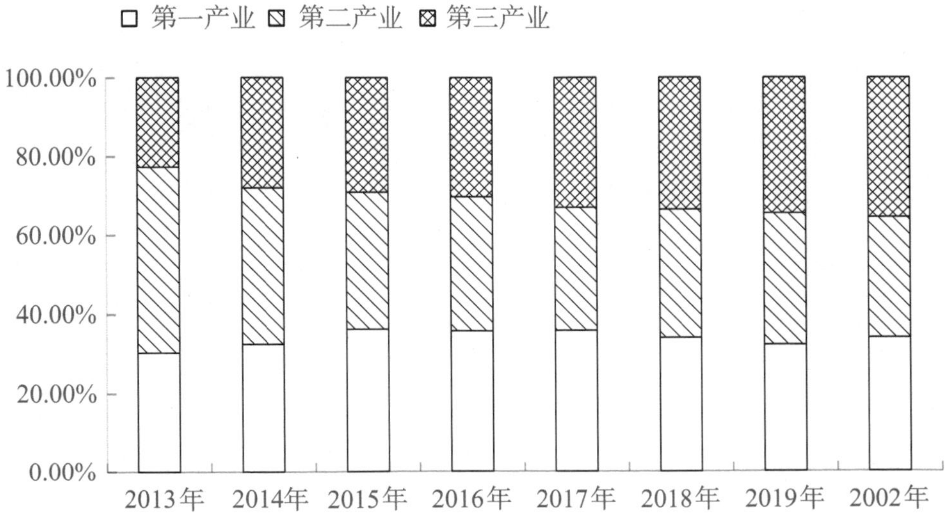

图 4–5　富川瑶族自治县 2013–2020 年三次产业结构情况

资料来源：广西统计年鉴（2014–2021 年）。

（2）三次产业内部情况

①现代特色农业取得新进展

富川瑶族自治县 2013–2020 年间第一产业增加值呈稳步上升趋势（见图 4–6）。2020 年该县第一产业增加值 31.31 亿元，首次突破 30 亿元，同比增长 8.2%，拉动 GDP 增长 2.8 个百分点，增速在贺州市的三县两区中排名第一。农林牧渔业总产值同比增长 8.1%。其中农业产值同比增长 9.7%；林业产值同比增长 10.4%；牧业产值同比增长 3.1%；渔业产值同比增长 1%；农林牧渔服务业产值同比增长 8.2%[①]。

现代特色农业取得显著成效。粮食生产每年稳定在 30 万亩以上，年均复种蔬菜 26 万亩以上，水果种植面积保持在 40 万亩以上，每年种植春烤烟 2 万多亩，种植脐橙 30 多万亩，地区内的特色农业和生态农业突飞猛进；畜牧业不断发展，大力推行生态养猪模式，加快推进温氏生猪产业一体化项目建设，新建智慧生态养殖小区 2 个。现代农业示范区扩

① 县统计局 .2020 年富川瑶族自治县经济运行情况分析 [EB/OL].（2021–01–29）[2022–01–06].

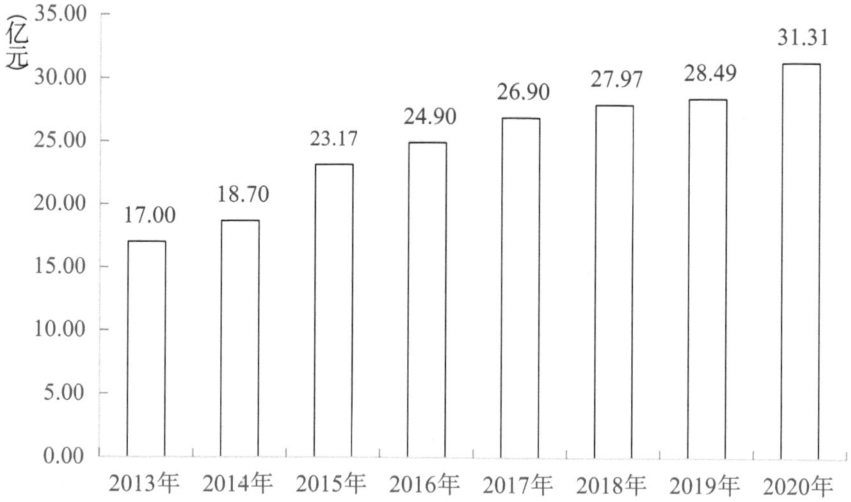

图 4–6　富川瑶族自治县 2013–2020 年第一产业增加值情况

资料来源：广西统计年鉴（2014–2021 年）。

点增面，建成自治区级现代农业示范区 3 个、县级示范区 8 个、乡级示范区 38 个，成功创建广西第四个、贺州第一个国家农业科技园区和首批国家农村产业融合发展示范园。"富川脐橙"多次登上"中国品牌价值评价信息"百强榜，纳入国家地理标志保护产品并入选 2017 年度全国名特优新农产品目录。该县荣获"国家有机产品认证示范县""国家农村产业融合发展试点示范县"等国家级荣誉，农业科技园被评为全国第七批国家级农业科技园区。

②生态循环工业迈出新步伐

2013–2020 年间，富川瑶族自治县第二产业增加值参差不齐，总体上呈现上升趋势，但也有下降的情况（见图 4–7）。2020 年因疫情影响，第二产业增速较上一年有较大回落，第二产业增加值 27.91 亿元，同比下降 2.9%，拉低 GDP 增速 1 个百分点[①]。生态循环工业迈出新步伐，被评为"国家循环经济示范县建设地区"的贺州华润循环经济产业示范区面积不

① 县统计局 .2020 年富川瑶族自治县经济运行情况分析 [EB/OL].（2021–01–29）[2022–01–06].

断扩大，进驻园区的企业由 2015 年的 5 家扩充到 2020 年的 47 家，构建了以电力、水泥建材、食品及农副产品加工为主的生态循环工业体系。该县还注重电子科技发展，新增广西贺州伟正电子科技有限公司等 5 家规模以上工业企业；大力发展新能源产业，大力引进大唐、华能、中核等企业开发风电项目，成为全国首个具有风、光、水、火四种发电模式的县区，第二产业朝着生态可持续发展的方向大步前进。

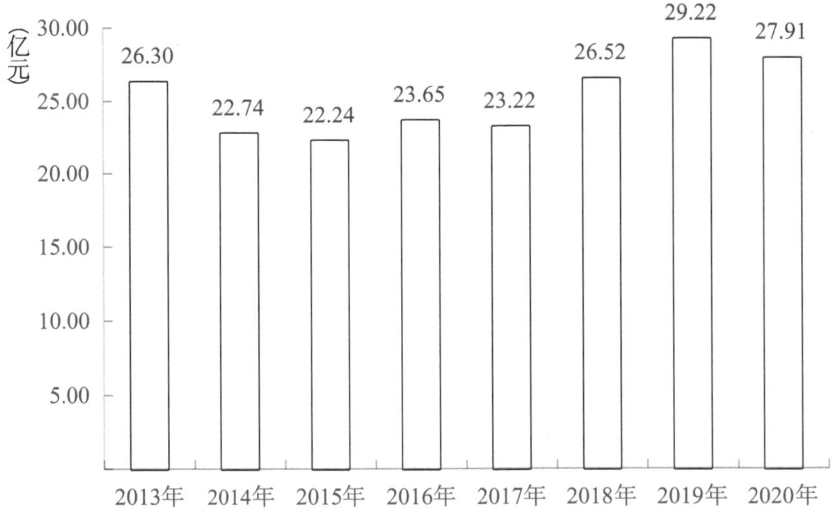

图 4–7　富川瑶族自治县 2013–2020 年第二产业增加值情况

资料来源：广西统计年鉴（2014–2021 年）。

③生态休闲文化旅游实现新提质

富川瑶族自治县第三产业发展相对不足，所占比重较第一二产业偏低，但在 2013–2020 年间稳定增长，到 2019 年增加值首次突破 30 亿元（见图 4–8）。2020 年第三产业增加值 32.68 亿元，同比增长 5.5%，拉动 GDP 增长 1.8 个百分点[①]。该县着重发展集山水、民风、民宿、健康养生于一体的休闲旅游业，打响休闲旅游品牌，打造服务业亮点。塑造“橙香富川 · 瑶韵慢城”旅居目的地新形象，稳步推进“国际慢城旅游区、

① 县统计局 .2020 年富川瑶族自治县经济运行情况分析 [EB/OL].（2021–01–29）[2022–01–06].

龟石国家湿地公园及西岭山自然生态保护与旅游区、潇贺古道民俗文化旅游核心区”三大生态休闲旅游区，创建4A景区3个、3A景区5个、广西生态旅游示范区3个。2020年，富川瑶族自治县接待游客总人数505.18万人次，全县旅游总收入从2015年的15.86亿元增至2020年的56.55亿元，年均增长29%，旅游总消费56.55亿元[①]。该县将生态环境、文化资源、特色风貌等方面的优势转化为经济优势，第三产业逐步成为拉动经济和生态发展的重点领域。

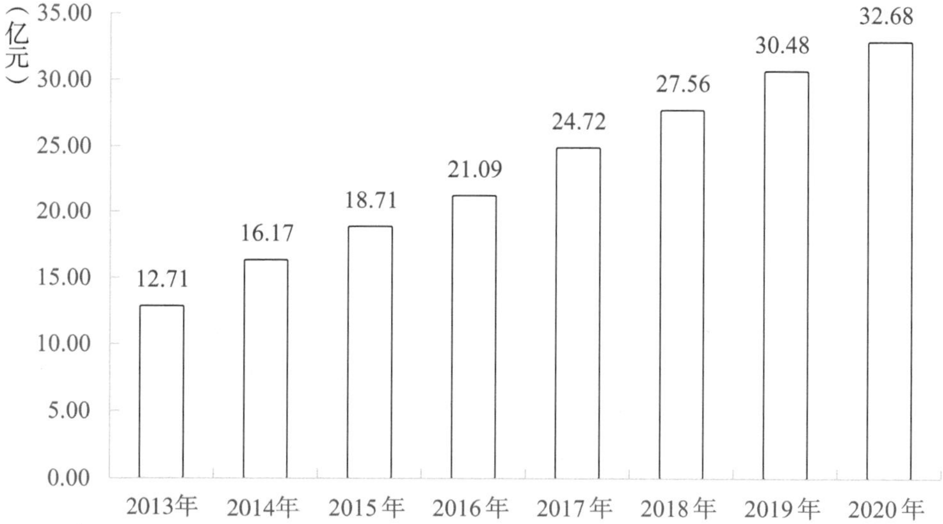

图4–8 富川瑶族自治县2013–2020年第三产业增加值情况

资料来源：广西统计年鉴（2014–2021年）。

4.1.4 社会发展

1. 历史文化

春秋战国时期，富川瑶族自治县地属楚越交界之地。自汉武帝元鼎六年开始设富川瑶族自治县，同属交趾刺史部苍梧郡。唐、宋、元时期

① 县政府办公室. 富川瑶族自治县政府工作报告[EB/OL].（2021–09–30）[2022–01–06].

属贺州，明洪武后至清代属平乐府，民国初属桂林道，后归平乐行政督察区及平乐专属。1950 年，富川人民政府成立，驻富阳镇，属广西壮族自治区平乐专区。1953 年与钟山县合并，改置富钟县，治钟山，属平乐专区。1958 年 7 月，改属广西壮族自治区梧州专区。1961 年与钟山县分治。1962 年 3 月 27 日，恢复设置富川瑶族自治县，县人民政府驻富阳镇，属梧州专区。1983 年 8 月 30 日，国务院批准同意设立富川瑶族自治县，撤销富川瑶族自治县。1997 年 7 月，国务院批准撤消梧州地区，成立贺州地区，富川瑶族自治县属贺州地区管辖。2002 年 7 月 1 日，国务院批准撤地设市，成立地级贺州市，富川瑶族自治县属贺州市管辖[①]。

富川瑶族自治县曾为岭南岭北的重要通道，境内中原文化、楚越文化、岭南文化交融汇集，经过长期的历史发展与沉淀，形成了具有鲜明民族特色的文化底蕴，酝酿出淳朴独特的民风民俗，各种各样极具地域特色的盘王节、壮族三月三、上灯炸龙节、砍牛节、花炮节、龙狮节等庙会、歌墟、庆典、佳节在该县传承庆祝，作为传承中华瑶族文化和瑶族礼仪的瑶族盘王节和瑶族服饰已被列入国家级非物质文化遗产名录，具有民族风味的瑶族芦笙长鼓舞、瑶族民歌《蝴蝶歌》已被列入自治区级非物质文化遗产名录。该县以民族传统佳节为载体，将民族政策法规、中华民族传统美德等融入瑶族歌舞习俗中，打造集民族文化、群众体育、风情旅游、民族政策法规宣传等于一体的民族文化嘉年华品牌。该县还依托传统民俗节庆，拓展各民族交往平台，积极向外推介优秀传统民族文化的亮丽名片，进一步增强人民的交往交流交融，加强人民之间的团结互助，形成县域内共同团结奋斗、共同繁荣发展的强大合力。

2. 人口

人口是发展的基础性因素，经济、社会、科技发展要适应人口的趋势性变化。根据第七次人口普查数据显示，富川瑶族自治县常住人口

---

① 富川瑶族自治县人民政府 . 富川瑶族自治县简介 [EB/OL].（2021-04-02）[2022-01-08].

为266530人[①]，2013–2020年间富川瑶族自治县的人口总量保持低速增长（见图4–9），人口地域分布、结构等出现一些新的变化特征，人口素质不断提升，城镇化水平显著提升。

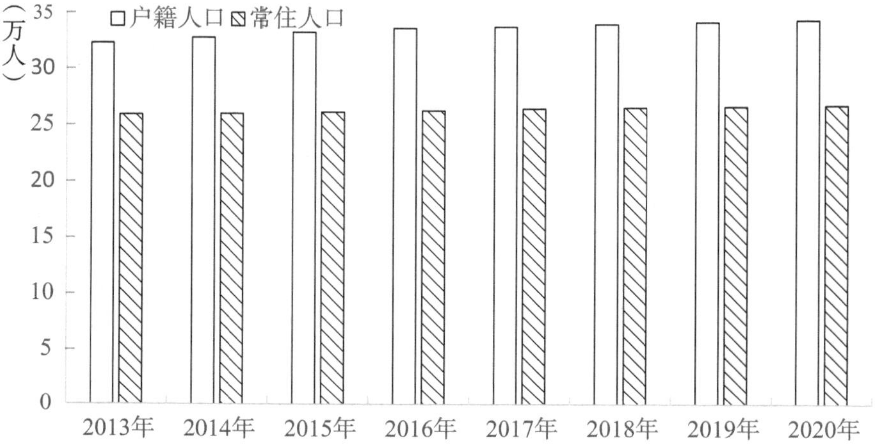

图4–9　富川瑶族自治县2013–2020年人口变化情况

资料来源：课题组调研所得。

2020年第七次全国人口普查与2010年第六次全国人口普查数据相比可知，该县常住人口共增加9719人，增长3.78%，年平均增长率为0.37%（见图4–10），与贺州市相比高0.1个百分点，人口总量呈现低速增长态势。在其下辖的12个乡镇中，除富阳镇和白沙镇之外，其他乡镇2020年常住人口占全县人口的比重较2010年均呈减少态势（见表4–4）。从家庭结构上看，家庭户人口规模持续缩小；从民族结构上看，民族类别丰富，各民族共同团结繁荣发展；从城乡结构上看，流动人口向城镇集聚，2020年城镇人口占比（42.67%）虽低于全国（63.89%）和广西（54.20%）水平，但相比2010年提高了14.6%，城镇化进程加快；从年龄结构上看，全县少儿人口和老年人口比重呈现上升趋势，各乡镇60岁以

① 富川瑶族自治县统计局.富川瑶族自治县2020年第七次全国人口普查主要数据公报[1].[EB/OL].（2021–06–29）[2022–01–08].

上人口占比均超过 15%，老龄化现象严重，同时低龄人口占比都在 23% 至 30% 之间，凸显出“一老一小”的问题（见表 4–5）。各乡镇需要进一步配套完善医疗卫生、教育等公共服务资源，提高社会养育人口服务水平，在遏制人口老龄化的同时防止人才流失，促进乡村人才可持续发展，进一步促进乡村可持续发展。

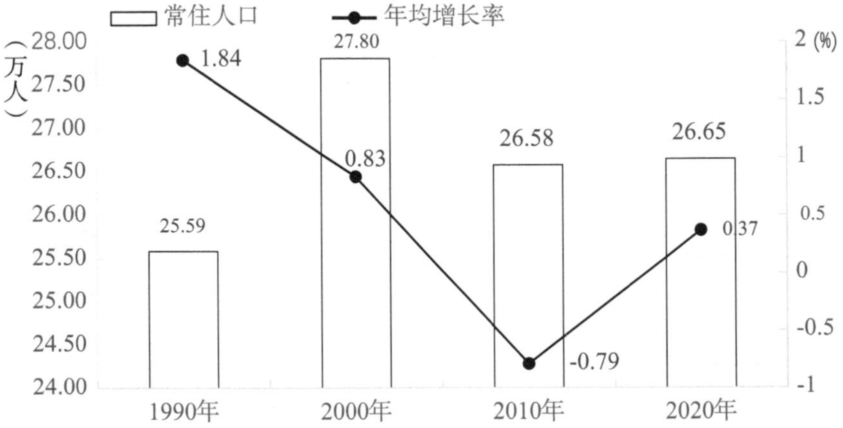

图 4–10　富川瑶族自治县历次人口普查常住人口及年平均增长率

资料来源：富川瑶族自治县统计局。

表 4–4　富川瑶族自治县 2020 年和 2010 年各乡镇常住人口比重

乡镇	2020 年人口数（人）	2020 年比重（%）	2010 年比重（%）
全县	266530	100.00	100.00
富阳镇	94314	35.39	26.03
白沙镇	9854	3.70	3.62
莲山镇	20217	7.59	8.51
古城镇	16793	6.30	7.74
福利镇	16858	6.32	6.93
麦岭镇	18088	6.79	7.61
葛坡镇	14225	5.34	6.56

续表

乡镇	2020 年人口数（人）	2020 年比重（%）	2010 年比重（%）
城北镇	15050	5.65	6.50
朝东镇	22993	8.63	9.98
新华乡	14386	5.40	6.30
石家乡	11032	4.14	4.71
柳家乡	12720	4.77	5.51

资料来源：富川瑶族自治县统计局。

表 4–5　富川瑶族自治县 2020 年各乡镇人口年龄占比构成

单位：%

乡镇	0–14 岁	15–59 岁	60 岁及以上	65 岁及以上
全县	26.27	54.96	18.77	13.39
富阳镇	23.94	61.00	15.06	16.21
白沙镇	26.56	52.73	20.71	15.52
莲山镇	25.96	52.46	21.58	14.97
古城镇	28.41	50.44	21.15	17.32
福利镇	26.39	51.98	21.63	13.48
麦岭镇	27.75	54.30	17.95	14.41
葛坡镇	29.55	48.28	22.17	16.21
城北镇	29.28	49.71	21.02	15.52
朝东镇	27.57	51.82	20.61	14.97
新华乡	27.86	48.83	23.31	17.32
石家乡	27.93	53.75	18.32	13.48
柳家乡	25.97	54.05	19.98	14.41

资料来源：富川瑶族自治县统计局。

3. 教育

富川瑶族自治县多措并举，大力促进县域内教育事业的发展。2020 年教育投入 46178 万元，为十年来教育投入最高年，2013–2020 年教育投入除 2017 年有所下降外，总体呈现上升趋势（见图 4–11），教育投入不断提升，教育资源不断壮大，教育质量有效提升，教育整体发展水平显著提高。2021 年末，富川瑶族自治县有公办幼儿园 15 所，并实现了乡镇公办中心幼儿园全覆盖。全县共有小学 47 所、小学教学点 95 个、初中 8 所、职业教育中心 1 所、自治区示范性普通高中 1 所、完全中学 1 所、特殊教育学校 1 所，教育办学条件、办学质量明显改善[①]。2020 年，全县学前教育毛入园率达到 95.53%，九年义务教育巩固率达到 98.98%，高中阶段教育毛入学率达到 96.16%[②]；全县常住人口中，拥有大学（指大专及

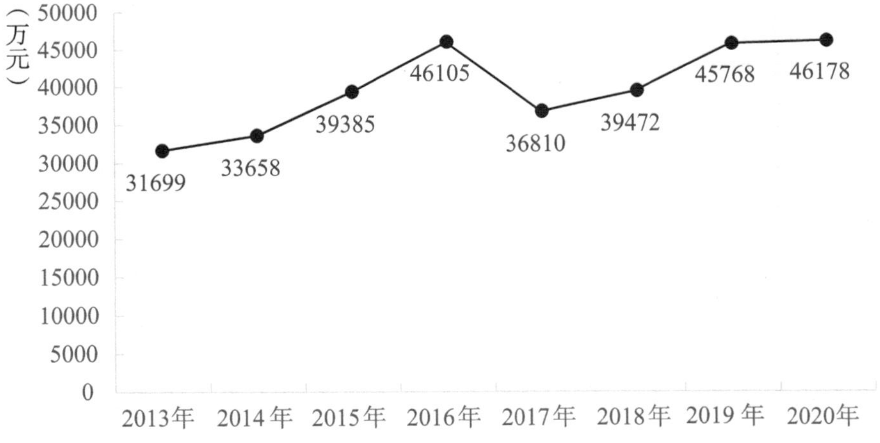

图 4–11　富川瑶族自治县 2013–2020 年教育投入情况

资料来源：课题组调研所得。

① 富川瑶族自治县教育和科学技术局 .2021 年秋季学期富川瑶族自治县义务教育学校名录 .[EB/OL].（2021–12–28）[2022–01–08].

② 富川瑶族自治县教育和科学技术局 . 富川瑶族自治县教育和科技发展“十四五”规划 [EB/OL].（2021–06–30）[2022–01–08].

以上）文化程度的人口为 18577 人，拥有高中（含中专）文化程度的人口为 27431 人；拥有初中文化程度的人口为 90662 人，拥有小学文化程度的人口为 86346 人，15 岁及以上人口的平均受教育年限由 2010 年第六次全国人口普查的 8.07 年提升至 8.58 年（见表 4–6），受教育者不断增多，教育普及程度提高。各乡镇之间存在着较大差距（见表 4–7），应进一步平衡区域、城乡、校际之间教育发展，提升基本公共教育服务均等化水平，为服务经济社会、创建富裕之川提供教育支撑，为乡村振兴和经济社会可持续发展提供人才保障。

表 4–6　富川瑶族自治县 2020 年各乡镇 15 岁及以上人口平均受教育年限

单位：年

乡镇	2020 年
全县	8.58
富阳镇	10.06
白沙镇	7.31
莲山镇	7.57
古城镇	7.98
福利镇	7.93
麦岭镇	8.04
葛坡镇	7.39
城北镇	7.68
朝东镇	7.79
新华乡	7.12
石家乡	7.64
柳家乡	8.31

资料来源：富川瑶族自治县统计局。

表 4–7　富川瑶族自治县 2020 年各乡镇每 10 万人口中拥有的各类受教育程度人数

单位：人 /10 万人

乡镇	大学	高中	初中	小学
全县	6970	10292	34016	32396
富阳镇	13391	17583	31863	25182
白沙镇	2202	5094	32078	36686
莲山镇	3472	7326	33358	36781
古城镇	3418	6336	38194	36146
福利镇	4063	6756	35663	37442
麦岭镇	4533	6900	35764	34553
葛坡镇	2974	6011	33118	36815
城北镇	2731	5615	34850	38990
朝东镇	3684	6171	34963	36903
新华乡	2836	5325	32094	36591
石家乡	3091	5266	37464	34744
柳家乡	4080	7453	39827	33223

注：以上各种受教育程度的人包括各类学校的毕业生、肄业生和在校生。

资料来源：富川瑶族自治县统计局。

4. 卫生

富川瑶族自治县共有二级甲等医院 3 家：县人民医院、县妇幼保健院、县民族医院，并于 2019 年入选为紧密型县域医共体建设试点县。2013–2020 年间，富川瑶族自治县不断加大医疗卫生投入（见图 4–12），推进乡镇基层卫生院服务能力建设达标升级，病床数、卫生从业人员和执业 / 助理医师总体上呈现上升趋势（见表 4–8）。全县 12 个乡镇均设有乡镇卫生院共 12 家，137 个行政村均设有医疗卫生室并至少各有一名乡村医生进驻，全县 17 家定点医疗机构均实行了“一站式”结算服务，2019 年全县 95541 名贫困人口城乡居民医疗保险参保率和家庭医生签约率均完成 100%。“十三五”期间，该县稳步推进医联体、医共体建设，共组建三二医联体6个，县域二一医共体12个，进一步提升全县医疗服务能力，覆盖城乡的社会保障制度基本形成，实施城乡医保并轨制度，让农村居民享受和城镇居民同等看病报销待遇，长期困扰群众看病难的老大难问题得到历史性解决，群众的生产生活条件达到了一个新的水平，不断促进经济社会可持续发展。

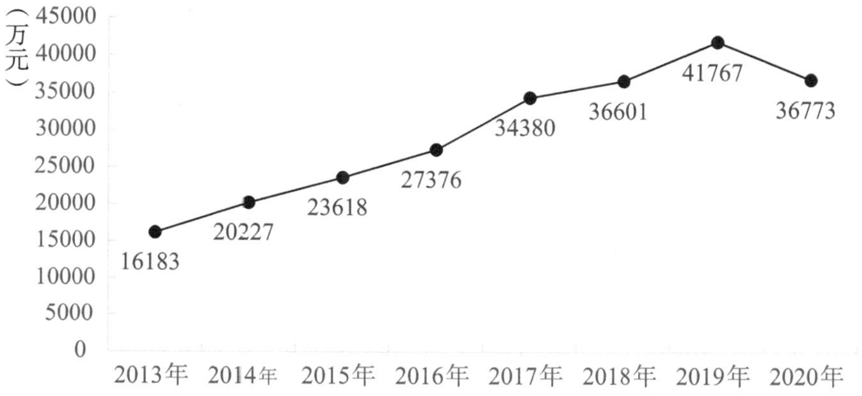

图4-12　富川瑶族自治县2013-2020年医疗卫生投入情况

资料来源：课题组调研所得。

表4-8　富川瑶族自治县2013-2020年卫生事业发展情况

年份	病床数（张）	卫生人员（人）	执业/助理医师（名）
2013	775	1103	332
2014	898	1120	270
2015	942	1331	267
2016	911	1157	224
2017	1068	1438	349
2018	1058	1573	381
2019	1287	1597	395
2020	1376	1647	434

资料来源：广西统计年鉴（2014-2021年）。

5. 科技

富川瑶族自治县统筹推进科技兴县、科技富农，用科技引领推动经济社会可持续发展。“十三五”以来，该县全面深化科技体制改革，不断完善和落实科技与社会发展政策，科技投入不断增加，科技创新工作成果显著。到 2020 年，全县申报各级各类科技项目达 14 项，其中自治区级 2 项，市级 12 项，企业的知识产权保护意识逐步增强，共申请专利 596 项，获得授权专利 399 项[①]。该县还注重科技人才培养，全县参与科技活动人员逐年增加，围绕贺州华润循环经济产业示范区循环产业发展，深化政产学研合作，富川瑶族自治县农业科技园区成为广西贺州国家农业科技园核心区，为提升富川农业经济效益、加快乡村振兴做出积极贡献。

4.2　农村社区治理现代化在富川瑶族自治县的生动实践

在被确认为首批实验主题为“推进农村社区治理社会化、自治规范化和服务标准化”的全国农村社区治理实验区后，富川瑶族自治县充分利用自身优势，加快推进农村社区治理社会化、自治规范化、服务标准化的实践进展，并在实践中进一步丰富经验和做法。

4.2.1　社区治理社会化的实践进展

社区治理是指政府行政组织、社区组织及社区居民等多元主体共同管理社区公共事务的过程。农村社区治理是指在农村社区治理范围内，坚持党的领导，发挥政府职能，协同社区组织、农民等多元主体共同管

① 富川瑶族自治县教育和科学技术局 . 富川瑶族自治县教育和科技发展“十四五”规划 [EB/OL].（2021-06-30）[2022-01-08].

理社区公共事务的过程。富川瑶族自治县主要从社会资本、龙头企业、社会组织和互联网等四个方面来助推农村社区治理社会化。

1. 社会资本助推社区治理社会化

一般说来，社会资本是指个体或团体之间的关联——社会网络、互惠性规范和由此产生的信任。这里的社会资本特指参与乡村治理的社会力量和社会资源。富川瑶族自治县通过引入社会资本，发展乡村观光旅游，助推乡村社区面貌改造，有效推动了农村社区生态和观光旅游的发展，最终推进社区治理现代化，实现乡村社区可持续发展。

一是创新社会资本参与方式。通过政府和社会资本合作等方式，鼓励和引导民间投资参与乡村基础设施建设和运营。毛家村是这个方面的典型样板。毛家村现为四星级乡村旅游区，该旅游区的乡村旅游项目由贺州市一家旅游开发公司运营，设置有露营区、旅游接待中心、垂钓区等。据了解在旅游部门的推动下，今后还会有更多农旅结合项目在毛家村社区落地。

二是引导企业依法合规创新农村社区的产品和服务模式，服务乡村旅游，以此推进农村社区治理社会化。下湾村是这个方面的典型样板。下湾村生态休闲养生旅游示范区引进华润三九集团、广西锦沐仁和公司等中草药材公司，增加中药材农产品供给；积极开发瑶绣、瑶锦等瑶族特色旅游产品，打造神仙湖旅游长廊；建设神仙湖果蔬产业核心示范区——生态果蔬自助采摘体验区。

三是鼓励企业挖掘农村生态和传统农耕文化资源，发展农村休闲观光、文化体验等产业。目前，富川瑶族自治县建成了浮田30多亩“双季莲藕”生态园、“梦里橙花”脐橙示范基地、浮田村史馆、罗丰紫薇园，以及红岩、毛家、留家湾古村落，务溪紫荆花观赏园等旅游景点。

四是规范农户、村集体等参与乡村旅游服务设施建设，通过规范其行为来推动农村社区治理社会化。扶持有条件的农户修缮、改造自有住房发展民宿。如福利镇打造茅厂屋生态民宿体验区，鼓励引导村民建设体验瑶乡民俗特色的农家乐，打造老村园林式休闲民宿体验区——茅草屋度假农庄新型旅游度假区；支持农村集体经济组织以出租、合作等方式盘活利用空闲农房及宅基地，改造建设乡村旅游活动场所。如麦岭镇高桥村整合党支部、村委会、理事会力量，围绕风雨桥修复及周边休闲文化区进行建设，不花政府一分钱，主动说服群众征收村级组织活动场所建设用地 16 亩；同时带动涌泉、三民、金田等 6 个村整合出近百亩的村级组织活动场所建设用地。通过社会资本改造乡村面貌，发展乡村旅游观光，促进富川瑶族自治县经济发展。

2. 龙头企业助推社区治理社会化

富川瑶族自治县通过引入龙头企业发展乡村特色农业，助推农业农村现代化，打造“乡村社区 + 社会企业”共建共治共享社会化治理模式。通过企业带动就业，进而带动社区经济发展，培育了自治区重点农业龙头企业 3 家，市级农业龙头企业 11 家，投资规模超亿元的大型农业企业 2 家，各类微型农业企业、果场 700 多家。占地面积达 1000 亩的“富川特色农产品加工物流中心”已全面建成，进驻了市级以上重点农业龙头企业 6 家，整个产业集群园区达到了 100 吨 / 小时果蔬加工贮藏保鲜能力，年加工水果、蔬菜能力超过 30 万吨，年总交易额达将近 5 亿元，安置农民工就业 2000 多人。

坚持村企联建，实现共赢，形成了良好的经济发展秩序。如牛背岭社区围绕“以企带社区、以社区强企、资源共享、互利双赢”主题，以华润循环经济产业示范区核心区落户社区、南方航空广西分公司指定为帮扶后盾单位为契机，大力组织开展结对帮扶、村企共建活动，确定共谋经济发展、共创和谐社会、共育文明乡风等活动。社区在项目征地、拆迁、施工维稳等方面对企业给予帮助，协助征地 1800 多亩，华润企业为牛背岭社区提供就业服务，其中有 23 户社区贫困户在园区务工，户数达到社区贫困户 31%。同时，通过农业龙头企业的带动和示范引领，扩大农户生产经营规模，提高农民组织化程度，形成一批专业大户、家庭农场和农民合作社。如柳家乡洋新村是“十三五”贫困村，柳家乡通过引进华润三九药业股份有限公司、广西锦沐仁和中草药材种植有限公司入驻，共同打造洋新村中草药扶贫产业基地，探索“公司＋合作社＋基地农户”的合作模式，吸纳了160户贫困户入社务工、入股分红，让群众在家门口就能就业。龙头企业凭借较强的经济发展实力，带动农户实现共同发展，将各参与主体打造成为风险共担、利益共享的共同体，实现合作共赢。

通过龙头企业以多种活动形式带动社区经济发展。龙头企业在参与农村社区共建共治共享时，除了提供就业服务外，每年开展“金秋助学”“雷锋志愿者”“重阳节敬老”等各类活动，带动社区持续健康、开放发展。同时也壮大村办企业规模，扩大群众的就业占比，提高村民的经济收入和集体经济收入，为更好服务社区治理提供经济支撑。

3. 社会组织助推社区治理社会化

参与乡村振兴是社会组织的重要责任，通过让社会组织参与乡村振兴可以助推社区治理社会化。

通过培育服务性、公益性、互助性农村社会组织，参与乡村治理体系建设。通过支持农民工返乡创业、培育致富能手等方式，村两委牵头发展经济合作社、协会等组织，以入股分红、股份联营、自主经营、自建托管等模式，带领农户实行内源式的村企合作。

多主体通力合作形成治理合力。在纵向上，构建党、政、村、社会力量四个主体推进架构，发挥党委领导作用、政府主导作用、村主体作用、各类社会组织和市场主体参与作用。如牛背岭社区由政府牵头，积极推进村企联建，发挥华润电厂党建品牌优势，积极开展党支部结对联建，推行“支部＋合作社”模式，发挥新型经营主体的带动作用。横向上，构建村党组织、村委会、企业、合作社、农户“五方主体”共治架构，明确角色职责，共同就村级发展、土地流转、公益事业建设等开展基层民主协商。总之，社会组织是农村社区治理的重要部分，只有团结社会组织形成合力，才能促进农村社区可持续发展。

4. 互联网助推社区治理社会化

随着以互联网为代表的科学技术的快速发展，人们的生产生活全面“触网”，互联网时代的到来为社区治理提供了新的发展方向、新的治理方式。富川瑶族自治县在推动农村社区治理社会化过程中，紧跟社会发展步伐，探索出互联网技术与社会化治理相结合模式，为农村社区治理注入了新的活力，推动了乡村治理的主体多元化及开放式发展。

“互联网 +”治理已成为社会发展的趋势，社区治理社会化的推动离不开互联网。富川瑶族自治县从提高农村信息化水平出发，积极推动乡村基础设施数字化转型，大幅提升乡村网络设施水平。通过落实乡村宽带通信网、移动互联网、数字电视网和下一代互联网发展，加快数字乡村建设，为农村社区治理提供通信保障；抓好“壮美广西 · 智慧广电”工程，推进乡村广播电视基础设施建设和升级改造；进行乡村光纤联网，实施信息进村入户工程，构建为农综合服务平台。富川瑶族自治县各个村庄已经实现全网覆盖、增速提速，保证每村每户能够互联互通。在农村社区互联网得到普及与发展后，该县进一步发起了“乡村网红学院”项目，培育扶持本地网红直播带货、短视频营销，已经培养出来一批优秀的“网红达人”，通过视频拍摄、网络直播等数字化工具，为农产品打造共享直播平台，大幅提升农产品收益，激发农村数字经济业态与数字生活方式，激发乡村振兴内生动力，推动农村社区治理主体多元化，进一步推进农村社区治理社会化进程。

县政府还通过互联网技术推动社会治理模式的转变，增强农村社区治理的活力。通过建立党员微信管理群，定期在微信群中发布扶贫快讯、党建信息等，极大提升党员参与社区治理社会化的能力，增强组织凝聚力，简化工作流程，提高工作效率。通过全面建设智慧法院，在执行通知书上印制法官微信二维码等方式，为群众诉讼提供便利，进一步畅通法官与执行案件当事人的沟通渠道。政府进一步优化“互联网 + 户政服务”，优化办事程序，精简审批事项，群众可以随时随地进行24小时全流程网上办理，实现足不出户即可办好户籍业务，让广大居民足不出户享受全面、优质、高效的智慧服务。富川瑶族自治县在治安管理上也充分利用互联网传递信息速度快、效率高的特点强化活动宣传、信息沟通和社区监管，真正让信息在第一时间互通、案件在始发之时有效处理、矛盾在萌芽状态化解、纠纷在最小范围得到控制，为社区治理社会化保驾护航。

在社区监管方面，有关部门利用与“中国电信外勤助手”合作的手机定位手环加强对社区服刑人员的监管，利用电视、广播、报纸、网络等载体，加大社区矫正、安置帮教工作的宣传力度，动员组织社会各方面的力量参与社区矫正、安置帮教工作，有效预防和减少重新违法犯罪现象的发生，有效促进社区治理社会化发展。

4.2.2 社区自治规范化的实践进展

一般说来，社区自治是指不需要外部力量的强制性干预，社区成员通过民主协商达成共识，协同管理社区公共事务的过程，并使社区进入自我管理、自我教育、自我服务的状态。本文探讨的农村社区自治规范化是指在农村一定地域范围内，社区成员共同促进社区制度规范化，依法依规管理社区公共事务，从而达到法治化、制度化、程序化、标准化的过程。富川瑶族自治县主要从乡风文明治理制度规范化、村民参与治理程序规范化、党建引领的规范化、生态环境治理规范化等方面来推进社区自治规范化。

1. 乡风文明治理制度规范化

在符合国家法律法规、尊重当地民风民俗、体现社会主义核心价值观内在要求的前提下，富川瑶族自治县注重管理体系规范化，大部分行政村把移风易俗、孝老爱亲等纳入村规民约，推进乡风民风治理取得实质性成效。农村社区建设以党总支为核心的“一约四会”制度，提升村民自治力，增强社区凝聚力。如古城镇实施乡村社会管理提升工程，完善以党群理事会为核心的社会管理机制，形成了“支部牵引、理事会带头、群团组织协作、群众参与”的农村社区管理体系，依托理事会严格履行“说事、议事、办事、理事”职能作用。

制度规范化，观念是先导。只有观念转变了，制度规范化才有自觉的行动。富川瑶族自治县从观念现代化出发，大力推进移风易俗、消除农村陈规陋习。利用农村公益电影、道德讲堂、村级讲堂、理论小讲堂、新媒体公众号等电子平台和宣传栏、乡村“大喇叭”等平台，以及“文艺＋宣讲”、文化科技卫生“三下乡”等方式，构建移风易俗立体化工作新格局，对党员干部和群众进行宣传教育，引导广大村民积极参与改陋习、树新风的活动，有效推进移风易俗工作，进一步提升了社区居民的整体文明程度。如古城镇通过“一约四会”引导村民践行新时代文明新风尚，利用文化戏台开展文艺汇演，利用农家书屋让农民学文化、学农技，通过康体娱乐区健身强体。在乡风文明治理过程中，创建了秀山、莫家、杨村、茶源、山田等市级县级文明村，涌现了余新兴诚实守信好人、林引娥孝老爱亲好人，以及徐照明、胡作信等市级县级星级文明户。

多种渠道助推文明乡风建设规范化。通过重点打造文明宣传窗口，如制作社会主义核心价值观、农耕文化、义行善举榜等乡风文明宣传板报，形成遵纪守法的良好氛围，以文明乡风扮靓乡村；通过发挥民族文化作用和发展生态乡村旅游等，打造具有民族特色的村容村貌，塑造了文明有序的良好乡风，有效推动了社区良好乡风民风的可持续发展。对违反村规民约的个人或者活动，村“两委”和“四会”组织及时介入制止，对破坏村规民约、带坏民风造成不良影响的予以惩戒。总之，通过规范乡风民约制度，进而规范村民个人活动，以此来促进乡村治理可持续发展。

2. 村民参与治理程序规范化

在村民参与社区治理方面，富川瑶族自治县形成了“以党建为引领、以规划为龙头、以群众为主体、以资源整合为措施”的社区治理模式，规范了村民自治程序，凸显了村民的社区公共事务治理主体地位。

推进村民理事会、党群理事会的规范化建设，以村为单位，每个村设置一个村民理事会。理事会成员采取村民代表推荐、户代表选举、直接推选和自荐的方式，通过召开村民代表大会，民主选举成立村民理事会。同时成立党群理事会并积极发挥其作用，激发村民自治热情。通过在各自然村和行政村选拔工作责任心强和致富能力强的居民成立党群理事会，由党员、干部、群众共商共治，全面参与项目建设、精准扶贫等村级事务，形成了人人有责、人人尽责、人人享有的社会治理共同体和村民理事会、村两委共同配合相互促进的村屯管理新格局，有效激发了村民改变现状、发展经济并自觉建设美丽家园的热情和动力。为了保证村民参与程序规范化，对各个村民理事会以及理事会成员明确工作职责，按章组织运行理事会。

建立健全村民自治制度，为有效实现村民自治提供制度保障。包括建立健全村务公开民主管理制度，加强村务监督委员会建设，健全完善“四议两公开”等民主决策、民主管理和民主监督制度，使村民参与制定和完善党群理事会的章程、制度等，有效实现了基层群众的自我教育、自我管理、自我服务，促进了自治、法治、德治有机融合，全面提升了村民自治水平，实现社区治理规范化，进而促进了农村社区治理可持续发展。

3.“党建引领”治理规范化

富川瑶族自治县坚持把党建工作与产业发展、合作社发展、生态乡村建设等共同部署、共同推进，坚持“党建引领、理事会带头、群众参与”，按照“1+N”的模式（即至少1名社区党员带若干名骨干群众），把农村社区建成了以社区党组织为核心的各类社区组织协同发力的乡村治理先行示范区。

全面推行“四议两公开”工作法，落实三会一课、党员议事会等制度，引导村党组织按照党的方针政策科学决策、民主决策。通过建立健全以党群理事会为核心的社会管理机制、“一约四会”制度、党员联系户制度和完善党建引领的党群民主监督机制等，进一步规范党建引领的机制和载体建设，确保发挥基层党组织引领作用。

为了加强党建引领的“头雁”作用，富川瑶族自治县探索建立了“党建 + 产业发展”“党建 + 合作社”和“党建 + 生态乡村”等党建引领治理规范化模式。通过“党建 + 产业发展”，把村党支部作为基层党员群众的主心骨，盘活集体经济，带动贫困户脱贫，推动致富产业优质化、规模化，探索村集体经济资源开发、股份合作、服务增收、项目带动为一体的乡村振兴发展“新路子”，使脱贫攻坚与乡村振兴有效衔接。通过“党建 + 合作社”，依托资源优势，按照“打基础、强产业、助增收”的发展理念，做大产业，帮助农民脱贫致富，为农村社区治理提供物质上的保障。

4. 生态环境治理规范化

生态环境是农村社区治理以及可持续发展的基本保障。生态环境质量直接决定着村民生活质量，改善生态环境就是改善村民民生，破坏生态环境就是破坏村民民生。环境可以为乡村经济活动提供物质资源，从而在物质上推动乡村可持续发展，同时还可以满足村民对生活舒适性的要求。可以说，一个好的宜居环境能够改善村民的精神生活，能够提高村民做事的积极主动性。为此，富川瑶族自治县农村社区积极开展和推进“美丽富川，宜居乡村”工程，实现社区人居环境质量显著提高。

首先，实施村屯净化工程，积极动员和组织群众参与垃圾分类和乡村大扫除行动。如在自然村每户配备 1–2 个分类垃圾桶、每个村配备有勾臂垃圾箱、每个乡镇配备 3–5 台垃圾清运车，对农村垃圾进行分类处理，解决了村屯垃圾乱堆乱放问题，并且通过配备农村保洁员，实施分片负责保洁机制，积极组织人员做好垃圾清运和清洁工作，做好公路沿线、村委办公楼等重点区域的保洁工作等，推动了生态建设长效化。在农历新年、三月三和各村惯节等传统节日节点，积极动员和指导各村屯开展“乡村大扫除，幸福你我家”环境卫生整治活动，极大地规范了社区人居环境整治工作。

其次，在农村社区实施城乡风貌整治提升工程。积极开展“道路硬化、水源净化、环境美化、卫生保洁经常化、社区住宅区亮化”等“五化”工作。加强对旧房、危房、杂房、厨房、厕房和乱搭乱建房的改造工作，进一步改善了农村人居环境。

最后，开展文明户创建工程。将星级文明户创建等工作纳入文明村、文明乡镇的评选内容，有效实现了人居环境美、文化生活美、乡风民风美的目标。总之，富川瑶族自治县通过积极改善乡村社区生态环境，完善各项环境保护制度及实施相关措施，促进保护乡村环境制度规范化，从生态环境方面促进农村社区治理可持续发展，建立生态建设长效化机制。

5. 基础设施建设规范化

基础设施建设规范化对促进乡村治理可持续发展具有重要作用。富川瑶族自治县充分利用上级涉农资金，大力抓好基础设施的建设，多渠道加大投入，改善社区基础设施。通过新建、改建、扩建，使村级服务场所建设达到标准。各社区针对辖区内在外工作、创业的人员，宣传好社区治理工作中基础设施的重要性，多方筹措基础设施建设资金。

加强环村道路的建设，形成了“三横两纵”的交通主脉络；实现所有自然村道路的硬化，村民出行更为便利；建设停车场，极大改善了群众的生活生产环境。进一步完善了道路设施建设，大大提升了农村运输能力。建设水渠项目、河道整治项目、水坝等水利设施，有效辐射和服务农田。进一步完善农田水利设施，大大提升灌溉能力。基础设施建设的完善，使社区自治更加规范化，推动了乡村治理可持续发展。

通过规范化治理，富川瑶族自治县农村社区基本实现了完善农村基础设施“六个一”的规范化目标，即一个规范化基层组织活动场所、一个卫生室、一个文化戏台、一个康体娱乐区、一个农家书屋、一个篮球场的目标，建成了较为健全的基础设施服务体系。

4.2.3　社区服务标准化的实践进展

社区服务是政府、社区居委会以及其他各方面力量直接为社区成员提供的公共服务和其他物质、文化、生活等方面的服务。农村社区服务是指在农村一定地域范围内，政府、村委会、社区组织等其他社会各方力量直接为社区成员提供的公共服务和其他物质、文化、生活等方面的服务。本文探讨的农村社区服务标准化是指以农村社区为单位和对象，制定农村公共服务和其他物质、文化、生活等方面服务的统一管理办法、政策体系和服务标准，其根本属性在于统一性、标准性、规范性。富川瑶族自治县主要从政务服务、政务公开、医疗卫生、文化活动场所建设等方面来推进社区服务标准化。

1. 政务服务标准化

政务服务改革一小步，便民惠民前进一大步。富川瑶族自治县在推进农村社区服务标准化的建设中，始终坚持问题导向，认真倾听群众呼声，密切关注社情民意，打造服务型政府，建立标准化服务平台，推行“一站式”便民服务，营造更加高效便民的政务环境，提升政务服务的信息化水平和标准化水平。

富川瑶族自治县深化“放管服”改革，注重打造服务型政府。以政务服务中心（党群服务中心）为基础平台，推进行政审批事项和便民服务内容进入政务服务中心办理，实现群众办事一处跑、跑一次，提高办事效率和服务水平。建立“一窗受理”套餐式标准化服务平台，该模式以办好“一件事”为标准，实行“一表申请”，将两个及以上单一事项组合形成联办机制，实行“线上线下、联合办理”。自“一窗受理”套餐式标准化服务平台建立，申请材料有效简化，审批流程实行优化，审批时限实现压缩，极大地优化了营商环境，简化了群众办事流程，切实达到了“一窗受理、集成服务”的服务目标，从而有效推动了政务服务的标准化建设，提高了政务服务质量和效率，营造更加高效便民的政务环境。富川瑶族自治县推出人社政务服务事项“前台综合受理、内部分类流转、后台集中审批”的经办模式改革，为参保单位、群众提供“一号申请”“一窗受理”“一网通办”的优质高效服务，企业、群众申请办理“一件事”时，只需要通过“一个窗口”或“一个平台”，提交“一套材料”，即可一次办理，该模式推行以来极大地简化了群众的办事流程。

富川瑶族自治县不断完善和规范社区政务服务中心功能，优化资源配置。完善运行机制，着力打造集政务公开、行政审批、公共服务等综合服务功能于一体的新型政务服务集合体。富阳镇铁耕村整合各部门资金建立了105 ㎡的政务服务办事大厅，同时整合部门业务，设置了卫生医疗服务站、妇女儿童服务站、居家养老服务站等7个服务窗口，村“两委”班子成员实行轮流值班制，确保有人办事。把社会保险等服务纳入县政务服务中心公开规范办理，扩大服务项目进驻范围。富川瑶族自治县还结合地区实际，将电子商务纳入社区公共服务，建立了电子商务公共服务平台，补充完善公共服务功能，不断提升电商公共服务水平。同时推进优化营商环境攻坚突破年工作，聚焦营商环境重要领域和关键环节，营造更加高效、公正的一流政务服务环境，构建具有富川特色的营商环境指标优化体系。

2. 政务公开标准化

富川瑶族自治县高度重视基层社会治理工作，在党委正确领导、政府重要主导、民政率先牵头、部门互相配合的努力下，基层群众自治制度逐步完善，村务公开民主管理制度更加健全，基层基本服务体系建设进一步加强。坚持政务信息面向全社会民众广泛公开，建立起信息公开长效机制，使信息公开工作不流于形式，全面推进了富川瑶族自治县基层政务公开工作的普遍落实，将信息公开从口头承诺变为实质的行为，依法保障了人民群众知情权、参与权、表达权、监督权，农村社区成员能更积极主动参与到基层治理工作中，提升了基层政府治理能力。

在各方配合、民众参与下，完成了政务公开内容的规范化和标准化。富川瑶族自治县响应国务院、自治区、贺州市关于进行基层政务公开的工作要求，公开向社会征集了基层服务公开标准目录，形成了《富川瑶族自治县各乡镇基层政务公开标准化目录汇编》，既立足于实际，又在程序上进一步发挥了民主，吸收公众意见，严格落实基层政务公开的制度标准。在村级组织实行“四议两公开”制度，政府的公开信息分类更加科学，主动公开、依申请公开和免于公开政府信息的界定范围更加明确，政务信息公开的实效性增强。不断加强对政务公开信息的统一管理，建立起政府信息统一管理平台，实行政务信息一体化规范化和标准化管理，农村社区的服务资源配置得到优化。继续拓宽政务信息主动公开的广度与深度，通过政务信息公开栏、电子显示屏、多媒体平台等途径，公布民众高度关注的重大项目工程建设情况、惠农补贴情况、扶贫政策信息等。在 2020 年底，贺州市富川瑶族自治县基层政府编制完成了相关领域政务公开事项标准目录，规范公开平台建设，完善各项公开制度，加强公开机构建设，推进政务公开向农村和社区延伸，初步形成了基层政务公开事项标准目录体系和制度规范体系，进一步助推社区服务标准化。

3. 医疗卫生服务标准化

农村医疗卫生服务体系是农村经济社会发展的“健康屏障”，也是农村社区治理可持续发展的保障。医疗卫生服务标准化是富川瑶族自治县推进农村社区治理工作建设的重点之一。自被确定为全国首批农村社区治理实验区以来，富川瑶族自治县各部门认真贯彻中央提出的农村社区治理工作要求，改革创新，坚持政府主导原则，明确农村医疗卫生服务标准化方向，将村卫生室建设作为提升基础医疗卫生服务能力的重要抓手，加大公共医疗卫生服务的财政投入和组织培训，建立健全农村医疗卫生服务体系，有效促进了农村医疗卫生事业的可持续发展。

富川瑶族自治县城乡医疗卫生资源配置得到整合，农村地区基本卫生服务条件有所改善，基层卫生人才队伍素质有效提升。富川瑶族自治县的村卫生室标准化建设可以从五个方面得到体现：一是以标准化建设推进村卫生室布局和建设。明确规定村卫生室用房面积不少于60平方米，同时要有独立分设的“四室”，即诊室、观察室、治疗室、药房或公共卫生室、值班室等；二是以标准化规定基本设备及药品的配备。明确规定村卫生室要配备基本设备：办公桌、办公椅、诊床1张、观察床1张、出诊箱、身高体重秤、药品柜、紫外线消毒灯、资料柜、候诊椅、体温计、听诊器、血压计、有盖污染桶2个等；三是以标准化建设明确村卫生室及从业人员要求，明确规定村卫生室从业人员的要求，规定村医要具备乡村医生证书或者执业助理医师以上资格及相应证书。要求有村医的卫生室要具备医疗机构执业许可证，没有村医的卫生室要安排医生每周定期两天开展基本诊疗和公共卫生服务工作；四是以标准化建设推进村卫生室的档案材料管理；五是以标准化建设规范相关管理制度。

富川瑶族自治县在推进农村社区服务标准化建设的实践中，医疗服务方面取得明显成效。2018年，县乡村三级医疗卫生机构标准化建设全面完成，改善了全县医疗环境；贫困户家庭医生签约服务百分之百完成，贫困户住院医疗费用报销比例达到91.67%、慢性病门诊报销比例达到81.72%，发放医疗救助资金820.6万元。2019年全县95541名贫困人口城乡居民医疗保险参保率和家庭医生签约率均完成100%，137个行政村均建有村卫生室并至少各有一名乡村医生进驻；累计为5573名贫困慢性病患者办理就诊卡；2017–2019年脱贫户和未脱贫户发生住院报销比例达90%，门诊特殊慢性病就诊就医报销比例达80%。到2020年，“198”政策标准全面达标，全县17家定点医疗机构均实行了“一站式”结算服务，137所卫生室均达到标准化卫生室的建设要求，大大便利了广大民众就医看病，保障了基本的药品供应，提高了群众用药安全水平，助推社区公共医疗卫生服务标准化建设。

4. 文化活动场所建设标准化

富川瑶族自治县紧抓基层文化设施建设，实施文化惠民工程，为广大农民提供完善的精神文化生活空间，扩展了公共文化服务覆盖面，丰富了农村社区民众的文化生活，推进了农村社区治理服务标准化与乡村振兴的有效衔接。

富川瑶族自治县重视精神文明建设工作。在具体的农村社区治理建设中，文化戏台开展的文艺汇演丰富了民众精神文化生活；农家书屋让农民学文化、学农技，提升了农民的农业技术；康体娱乐区让农民健身强体，提高了民众身体素质；定期组织开展各类文明创建评比活动，营造了良好的文化氛围。通过推行“民事联解工作法”，以“全域思维”理念，按照“1+N”的推行模式，从规划设计开始就把村级组织阵地建设与农村社区、美丽乡村、脱贫攻坚、全域旅游等示范点项目建设深度融合，精心打造各具特色的亮点村，通过“串点、连线、成片”，全域推进村级组织活动场所标准化建设。富阳镇建成占地 1055 平方米的戏台及标准的灯光球场；建成 32 米长的文化长廊；户与户之间的道路全部实现硬化；改造修建 3 条 1050 米农田灌溉“三面光”引水渠；栽植绿化树 1200 株；新建村读书室 40 多平方米，推进村级活动场地标准化建设与乡村建设项目的融合。

富川瑶族自治县还加强文教设施建设，规范设置功能，强化制度建设。首先是规范要求，合理设置。在村级组织活动场所，专门制定村级党组织制度上墙要求，对新建活动场所统一设计风格和配置，做到一室多用、功能完善、使用充分。大力弘扬和传承优秀传统文化，打造了高桥新型农村生态旅游社区，村级公共服务中心已基本完成主体建设，文教等设施进一步完善，推动幸福指数提高，保障文化活动场所标准化。富川瑶族自治县柳家乡下湾村探索农村社区治理工作，带动群众科学规划、合理布局，完善社区基础设施，建设有灯光篮球场、八角楼文化戏台、蝴蝶歌对歌风雨桥、儿童游乐设施、图书阅览室等文化娱乐体育设施，并组建有下湾男子篮球队、巾帼舞龙队、雄狮竞技队、蝴蝶飞歌队等文体娱乐队伍，不仅丰富了社区居民的文化娱乐活动，还大大助推社区公共文化活动标准化供给，以此来促进乡村治理可持续发展。

4.3 农村社区治理现代化与乡村振兴互动共赢的富川模式

在富川瑶族自治县被确认为首批全国农村社区治理实验区后，围绕“推进农村社区治理社会化、自治规范化和服务标准化”实验主题，积极稳步推进各项实验任务，积累了大量宝贵的经验，形成了有富川特色的乡村治理模式。

4.3.1 社区治理社会化模式

1. 共建共治共享社区治理社会化模式

党的十九大报告提出，要加强社区治理体系建设，推动社会治理重心向基层下移，发挥社会组织作用，实现政府治理和社会调节、居民自治良性互动。富川瑶族自治县探索完善主体间利益协调机制，优化基础设施环境，鼓励龙头企业参与乡村社区的共建共治共享机制构建，倾力打造共建共治共享社会化治理模式。富川瑶族自治县政府注重农村社区基础设施环境的完善和优化，推动龙头企业积极参与到农村社区治理中，营造良好的基础设施环境。推广农村道路硬化、亮化和农村环境美化、亮化，以及房屋立面改造、危房改造、改厨改厕等，完善“六个一”农村基础设施体系（一个规范化基层组织活动场所、一个卫生室、一个文化戏台、一个康体娱乐区、一个农家书屋、一个篮球场），不断靓丽农村社区，美化社区环境。大力完善县内各个乡村的道路交通，通过乡村干净整洁优美宜居的环境和便利的交通来吸引企业来村投资建设，为龙头企业参与社区治理奠定良好基础，从而形成共建共治共享的乡村治理新格局。

依托自然资源和民族特色资源优势，引进龙头企业参与乡村生态环境改造和社区事务处理。在推进农村社区治理社会化过程中，富川瑶族自治县十分重视发挥当地自然资源和民族特色资源优势，充分利用生态、土地、交通、人文等优势，积极引进龙头企业参与乡村生态环境改造和社区事务处理，走出了一条农村社区治理社会化的特色之路。民族传统文化是农村社区的特色所在，富川瑶族自治县莲山镇牛背岭社区通过积极引入企业发展乡村旅游项目，推出“牛背上的乡愁”和“牛背岭啤酒村”瑶族文化精品。同时，对一批历史人文景观进行修缮，已成功打造“瑶族文化＋民俗产业＋工业元素＋生态农业＋乡村旅游”的特色生态旅游品牌。这不仅打造了具有民族特色的村容村貌，更进一步形成农村社区治理社会化的新模式。县政府还注重发挥龙头企业对乡村生态环境的改善和社区事务的影响力。例如柳家乡下湾村结合实际，以“西岭国家森林公园”“龟石国家湿地公园”“现代特色农业示范区”建设为依托，以优良的水土光热条件引进多家龙头企业，重点打造具有瑶族古村落特色的生态休闲养生旅游示范区。这不仅发展了经济，更成为第一批广西现代特色农业示范区、全国美丽宜居村庄、全国改善农村环境示范村、全国绿色村和中国村庄 2019 年幸福村屯。村企联合联建也是打造共建共治共享模式的重要一环。莲山镇牛背岭、吉山村大深坝等社区充分利用区位优势，通过“村企结对”“村企互动”“村企会商”等方式，进一步发展和扩大村企联合，打造民族特色宜居社区，推动原来的网格化管理、服务外包、联防联治、门前三包等治理手段转变为政治行为的“社会化处理”、行政行为的“社会化合作”、社会事务的“社会化自治”，逐步形成“农村社区治理社会化”的特色模式。

在社会组织方面，富川瑶族自治县政府重视发挥社会组织的沟通和协调作用，加大对社会组织参与农村社区治理的培育、引导和支持力度。农村社会组织作为根植于农村的自治组织，在推进农村社区治理社会化过程中具有极其重要的作用，特别是在沟通和协调方面更具有不可替代的优势。农村社会组织往上可以与基层党组织、乡政府以及县级政府进行沟通，往下可以与村民交流，充分发挥了政府与村民沟通交流纽带的作用。富川瑶族自治县在推动农村社区治理社会化过程中，始终重视社会组织调解、沟通、协调等方面的作用。在具体做法上不断优化原有村“两委”领导下的社会组织，通过助贫富民、调节矛盾等日常工作，随时随地为农民提供服务，打造社区治理“火车头”。例如牛背岭社区党群理事会自成立以来，积极发挥党员先锋模范作用，坚持群策群力，形成“三有”（有经费，有制度，有生命力）工作模式，实施“大家事、大家议、大家干、大家管”的工作方针，着重推动社区特色产业发展和社区文化塑造，成为牛背岭村中最活跃、工作实绩最为突出的乡村社区自治组织之一。通过对社会组织的大力培育、引导和支持，统筹发挥社会组织作用，富川瑶族自治县农村社区治理基本实现了政府“独唱”向政社“共唱”转变、治理组织由“单一”向“多元”的转变。

在治理主体方面，随着农村社区治理实践的不断推进，农村社区治理取得了明显效果，但是由于受到传统管理体制和市场经济发展的影响，农村社区治理也出现了一些亟待解决的问题，如农村社区治理主体“一元化”现象依然存在，社区组织等社会力量参与农村社区治理的程度仍然不够深入。一般说来，国家层面的治理主体主要包括县级以上政府、乡镇政府、社区党组织；社会层面的主体主要包括社区自治组织、社会组织；个人层面的主体就是村民个人①。党的十八大以来，农村社区治理呈现出单一主体向多元化转变、静态向动态转变的发展趋势。富川瑶族自治县针对当前农村社区治理中存在的主要问题，顺应社区治理社会化的趋势，大力推进农村社区治理主体向多元化转变。推动个人层面的治理主体实现从“为我做主”到“由我做主”的转变，推动社会层面的主体实现从“动员参与”到“主动参与”的转变，逐步形成了共建共治共

① 张慧卿，刘智军．参与主体多元化背景下农村社区协同治理探究 [J]. 中北大学学报（社会科学版），2021，37（06）：23-26.

享社区治理社会化的新格局。

2.“互联网 +”农村社区治理社会化模式

现代信息技术是实现农村社区治理现代化的重要支撑。关键是借助互联网、大数据、云计算等新一代信息技术，着力打造农村社区治理信息化服务平台，探索“互联网 + ”农村社区治理社会化模式。

富川瑶族自治县为了创新农村社区治理模式，全面提升农村社区治理社会化水平，十分重视农村社区互联网的普及和发展及农村智慧社区的建设。

首先，县政府不断加大乡村信息基础设施建设力度。通过深入推进信息进村入户工程，加快完成农村电网改造升级，改善农村网络接入和宽带条件，采用多种手段实现偏远乡村联网覆盖，加快农村地区的宽带网络覆盖，提高乡村基础设施数字化水平，同时还为全县 137 个行政村配备了电脑、电视机、办公桌椅、远程教育设备等办公设备，有力提升了农村信息化水平，为推进农村智慧社区建设，积极提升农村社区治理体系和治理能力现代化奠定了坚实基础。

另外，大力发展“互联网 + 现代农业”。通过引进“阿里巴巴”农村电商平台，推进农村电子商务建设，建立县、乡、村三级电商服务网络体系，推进“互联网 + 乡村建设 + 精准扶贫”工程，在引导群众脱贫致富的同时，也完善了农村社区治理信息网络。以构建农村社区综合服务信息平台为着力点，大力推进智慧社区建设。充分利用互联网、人工智能、大数据等现代社会治理技术，实现资源共享、制度衔接、服务全覆盖，全力打造农村社区服务信息平台，有效提升了农村社区治理社会化水平。

4.3.2　社区自治规范化模式

1. 村民参与社区治理规范化模式

加强乡村社区自治是推进乡村振兴的重要环节，是夯实党的执政基础，巩固基层政权的重要保障。乡村村民自治的突出特点是能够较充分地体现民主化、制度化的基本原则，充分体现社会主义民主的广泛性和全面性，将民主由一种形式转换为普遍遵守的日常生活习惯，最大限度地体现了农村民主的特色。乡村治理是一个长期的、全方位建设的治理过程，其中村民自治规范化是重中之重。社区自治是指不需要外部力量的强制性干预，社区成员通过民主协商达成共识，协同管理社区公共事务的过程，使社区进入自我管理、自我教育、自我服务的状态。“规范化”的含义是指使事务的运行和发展合于一定的规范、标准。基于此，富川瑶族自治县积极规范乡风民风，积极推进村民参与乡村社区自治，各抒己见、主动参与，为实现乡村振兴和经济可持续发展出力。

富川瑶族自治县在推进乡风治理规范化上，注重建立和完善乡风民风治理制度。这方面的主要经验如下。

第一，以乡风文明制度规范乡风治理。截至 2021 年末，富川瑶族自治县已制定了相对完善的乡风文明建设制度。首先，完善乡风民风治理文化制度。这一制度使优秀传统少数民族文化得以传承，发挥文化的熏陶作用，有效凝聚了村民共识，塑造了良好的文明乡风，打造具有民族特色的村容村貌；其次，完善乡规民约制度。如各村镇全面贯彻落实乡村振兴战略“二十字”总要求，结合各村实际成立了红白理事会，并制定红白喜事制度。通过村规民约进一步推进移风易俗，整顿乡风民风，加快平安、清洁、美丽乡村的建设。再次，以乡风文明推进农村社区治理。通过开展“弘扬乡贤文化、推动乡村善治”“家风润万家”“孝善立德”等活动，挖掘和树立道德榜样典型，助推乡村社区治理。同时，加强对不良风气的整治。对婚丧嫁娶大操大办、老无所养、铺张浪费、盲目攀比、愚昧落后的陋习进行整改和治理。最后，不断规范村民道德评议会运转程序，结合各村实际，制定了村民道德评议会制度。

第二，充分发挥多元治理主体的作用。村民能够积极主动参与社区自治，是农村社区治理中的一大进步。富川瑶族自治县建立和完善村民理事会机制，构建居民参与社区治理的规范化机制。特别是以村企联合的优势调动居民参与社区治理积极性，借助“村企结对”“村企互动”“村企会商”等方式，将现代文明融入乡村文化中，以便凝聚村民共识，塑造文明乡风，在产业培育与社区治理的双向互促中形成新型农村社区治理机制。同时，依托“一约四会”制度，发挥党群理事会在农村社区治理中民主参与、协商决策等作用。结合乡村振兴战略，按照“六有”“四宜”标准，建立健全“一约四会”制度，形成了“支部牵引、理事会带头，群团组织协作、群众参与”的农村社区管理体系，持续推进农村社区建设和治理创新，为建设和谐有序、绿色文明、创新包容、共建共享的农村幸福家园贡献力量。

第三，注重为老龄村民群众参与社区治理提供服务保障。农村老龄化人口增多，部分老人出门不便，在参与社区治理上力不从心。为保护他们参与社区治理的积极性，富川瑶族自治县以“一会一队一室”来实现社区治理链条化。一是成立标准化老年人协会，实现老有所学、老有所乐；二是组织社会爱心人员成立志愿服务队，为农村社区治理提供志愿服务；三是设置警务室、调解室等，成立群防群治队伍，实行网格化管理，及时处置和化解社会矛盾纠纷，实现小事不出门，大事不出村。这样既方便了孤寡老人处理日常事务，又能及时听取他们对社区治理的意见，规范了村民参与自治的渠道。

2. 农村基础设施建设规范化模式

在社区公共基础设施和文化基础设施方面建立统一的、规范化的社区基础设施建设标准，进一步完善基础设施供给体系。以人居环境改善为切入点，加强农村社区基础设施规划。围绕农村社区人居环境改善，通过加强对农村社区基础设施建设的合理规划、科学选址、系统建设、有序推进，着力解决居民出行、用水、用电、用气以及农业生产等基础设施建设问题，推动道路设施、用水用电设施、农田水利设施建设。如下湾村通过科学规划、合理布局，不仅完善了文化娱乐体育设施，而且积极推进了“道路硬化、水源净化、环境美化、卫生保洁经常化、社区住宅区亮化”工作，统一规范农村社区公共文化服务设施的建设标准。富川瑶族自治县还制定了农村基础设施“六个一”建设目标，即一个规范化基层组织活动场所、一个卫生室、一个文化戏台、一个康体娱乐区、一个农家书屋、一个篮球场，有效推动了农村社区公共文化服务设施的规范化建设，形成了较为完善的农村社区公共基础设施服务体系，有效推动了农村社区建设的发展。

多渠道筹措资金，完善公共基础设施服务体系。第一，推动“一个项目、一个配套”，充分利用上级涉农资金，重点建设道路、水渠、产业、光伏、农家乐、淘宝等项目，完善社区基础设施建设。第二，多方筹措建设资金，对社区服务设施建设进行新建、改建、扩建，使村级服务场所和设施达到服务标准；同时，借助社会资本，推动农村生态示范社区、旅游示范社区、生态产业发展示范社区等建设，有效推动了农村公共服务设施体系的完善。通过完善乡村社区基础公共设施，为进一步构建“党建引领 +”自治规范化模式以及村民参与社区治理活动提供了基础保障。

3.“党建引领 +”社区治理规范化模式

基层党组织是党的事业的根基，是各项工作的组织者、实践者和推动者。近年来，富川瑶族自治县着力强化基层党组织自身治理能力，积极构建“基层党组织统领、‘头雁’队伍引领、党员服务支撑”的“三位一体”党建新模式，为破解基层党组织治理难题探索有益路径。“三位一体”基层党建模式聚焦基层党组织核心作用发挥，对党的基层党组织建设进行全面规范，对党组织带头人和党员两支队伍同步建设，进一步强化了基层党组织治理能力。富川瑶族自治县始终强调基层党组织对农村社区治理的关键及政治引领作用，强调党建是农村社区治理的重要动力、方向，注重发挥党建在社区治理过程中的思想引领、组织引领和作风引领作用，不断夯实农村社区治理基础。富川瑶族自治县通过打破以行政村为单位设置党组织的方式，在农村社区成立社区党支部和党小组，延伸组织链条，常态化推进学习教育，坚持开展“党员圩日”活动，落实“三会一课”制度，定期召开支部党员大会、党支部委员会和党小组会，“一课”指按时上好党课。“三会一课”是党组织生活的基本形式，是加强党员日常教育管理监督的主要途径。坚持每个季度召开一次党员大会，每个月召开一次党支部委员会，每个月召开一次党小组会，打造坚强有力的基层党组织。同时，通过深化党建引领的机制和载体建设，进一步完善党建引领的党群民主监督机制，深化流动党员“双向带动”，开展民事代办、结对帮扶等活动，进一步发挥党员的先锋模范作用，强化党建对社会力量的政治引领作用。另一方面，县政府积极构建以社区党组织为核心、自治组织为主体、社区服务中心为载体、群团组织为纽带、群防群治队伍为保障、其他组织为补充的乡村社区“党建 + 社会力量 +”的多元主体治理体系，积极构建以党建为引领的多元主体共参共治的新格局。如牛背岭社区通过自筹资金及整合县美丽办、财政、住建、扶贫、民宗等各部门项目资金，成功打造了以“村民为主体，镇党委政府引进多部门资金”的党建引领“乡村社区”建设的新模式。

富川瑶族自治县重视党建引领作用，构建和完善党建引领社区治理的运行机制。为此，县政府在实践中摸索出四条经验做法。一是突出村级党群议事会的作用。通过深化党建引领的机制和载体建设，建立村级党群议事会，充分发挥党员的先锋模范作用；进一步完善党建引领的党群民主监督机制，发挥基层服务型党组织在农村社区治理中的引领作用。二是创新基层党支部建设。优化社区基层党组织设置，推行“支部 + 合作社”模式，充分发挥党员在农村新型经营主体中的带动作用；同时，充分发挥党支部的战斗堡垒作用，推动党员联系服务群众“责任田实名制”的深入开展，切实满足人民群众的切身利益需求，推动农村社区治理水平的提升。三是突出党员活动载体建设。在贯彻落实“三会一课”

制度的基础上结合农村生活特点，以各种形式共开展“党员圩日”活动，融党性教育、民情分析、公益服务为一体，使“党员圩日”成为乡镇党员干部掌握村情民意和解决群众问题的“绿色通道”。四是构建“党建+”一体化治理模式。加强村民自治，积极发挥党群理事会作用，选拔工作责任心和致富能力强的居民成立理事会，在村民自治方面，富川瑶族自治县形成了“以党建为引领，以规划为龙头，以群众为主体，以资源整合为措施”的社区治理模式。

如前所述，富川瑶族自治县坚持把党建工作与产业发展、成立合作社、生态乡村建设等共同部署、共同推进，在实践探索中建立了“党建引领+”的基层政府治理规范化模式。例如建立了“党建+产业发展”模式，盘活集体经济，带动贫困户脱贫，推动致富产业优质化、规模化，使脱贫攻坚与乡村振兴有效衔接。建立了“党建+合作社”模式，依托资源优势，按照“打基础、强产业、助增收”的发展理念，做大产业助农脱贫致富。建立了“党建+生态乡村”模式，通过党建引领融入乡村治理的全部过程，充分整合资源和资金，大力开展清洁卫生和环境整治。同时县政府还积极结合党员联系服务群众“责任田实名制”工作，制定党员干部精细化管理制度和考核办法，构建“党建+产业发展”新模式，构建“党建+合作社”新模式，做大产业助农脱贫致富。构建“党建+生态乡村”新模式，全力打造宜居乡村，提高村民的生活水平和生活质量，从而提高村民参与社区治理的积极性。

此外，富川瑶族自治县下湾村还发展出独具特色的下湾村模式：党支部+村骨干，创新组织引领模式；议事会+小喇叭，创新群众思想工作模式；扶产业+强培训，创新自我发展模式；抓流转+整资源，创新新村建设模式；建社区+订公约，创新村民自治模式。进而使村民更加快速的、更加主动的参与社区治理，提高了村民参与社区治理积极性及效率，推进了村民自治规范化。

4.3.3　社区服务标准化模式

1. 公共服务标准化模式

公共服务一般是指由政府部门、国有企事业单位和相关中介机构履行法定职责，根据公民、法人或者其他组织的要求，为其提供帮助或者办理有关事务的行为。公共服务标准化对农村社区治理可持续发展具有非常重要的保障作用。在推进乡村社区公共服务标准化的过程中，富川瑶族自治县高度重视统一和规范公共服务的标准及程序，打造党建引领的服务型政府，提升政务服务的信息化水平，完善政务服务的监督评价体系，加强公共服务基础设施建设和平台建设，加强社区公共服务人员和居民的专业培训，推进富川瑶族自治县的公共服务体系走向标准化目标，走出了一条乡村社区服务标准化的特色之路。

注重打造党建引领的服务型政府，提升政务服务标准化。党建引领是加快基层服务型政府建设，打造标准化农村社区服务的关键。大深坝社区突出党建引领，发挥基层党组织的战斗堡垒作用，在村党支部的带领下，结合党群理事会的作用，强化组织领导，明确部门职责，整合服务资源，在村企合作中吸引社会企业，建立协调有序的政务运行和服务机制。古城镇坚持“党建引领、理事会带头、群众参与”的方针，实施五大提升工程，目前已成功打造了大岭、莫家、秀山等农村新型生态社区建设示范点，推进了全镇农村新型生态社区建设。富川瑶族自治县还全面推进广西数字政务一体化平台，构建政务信息化体系，提升村级平台政务办理效率，全面落实“最多跑一次”、“马上办、网上办、就近办、一次办”等措施，深入启动“一窗式服务”改造工作，提升项目审批效率，开展政务一体化培训。下湾村不断完善社区服务中心建设，规范地方政府的行政权力，依托“互联网 +”，做好网络监管和各项日常事务服务。不仅规范了农村社区的政务服务程序，更提升了农村社区服务的标准化水平。在推出政务服务的同时，还注重完善政务服务的监督评价体系。各村镇充分利用“好差评”评价系统，优化政务服务的监督反馈体系，强化干部的责任担当，实现政务服务事项、评价对象、服务渠道全覆盖。朝东镇积极做好基层政务服务机构改革，推进基层村级政务服务中心建设，抓好政务服务“好差评”工作，实现线上线下多渠道评价。既加强了对于社区政务服务行为的监管，又提升了地方政务服务能力，落实农村社区服务的标准化建设。

完善公共服务基础设施和基本服务体系建设，促进公共资源标准化。加强制度建设是实现社区公共服务的关键，不管农村社区服务标准化的模式怎么创新，都离不开制度的建设和监督。促进公共服务标准化，推进乡村治理离不开正确的引导。第一，建立健全领导体制，强化各级党委政府的职责。贺州市推出的“书记创新工程”机制形成了主要领导负总责、分管领导具体抓，上下联动、齐抓共管的良好格局。富川瑶族自治县基本形成了“党委领导、政府主导、民政牵头、部门配合、社会参与”的社区治理工作格局，进一步加强了基层基础设施和基本服务体系建设，整合各部门的管理职能和服务资源，分别建立起卫计服务中心、科技服务中心、文化服务中心、农业服务中心、社会保障中心等多种类型的村（居）委会综合服务中心，进一步规范农村社区服务内容，明确向居民提供低保救济、就业、社保、教育、卫生、文体、法律等基本服务。这是富川瑶族自治县推进农村社区服务标准化的重要探索与实践。第二，创新党员服务群众形式，注重发挥基层党组织战斗堡垒作用。基于地方实际，贺州市委创新党组织设置形式，注意发挥基层党组织在农村社区公共服务建设中的引领作用。通过深化党建引领的机制和载体建设，进一步完善党建引领的执行监督机制，形成了以“党员圩日”的标准化党员服务群众形式，基本形成了党建领村、制度治村的新模式。第三，增强社区公共服务的法律和政策保障。为解决社区公共服务不断出现的新情况新问题，富川瑶族自治县通过完善社区公共服务立法，出台一系列配套政策，不断优化法律制度，使社区居民的权益得到保障。在具体的改革实践中，富川瑶族自治县坚持社区公共服务与制度建设的统一，积极配合贺州市做好国家服务业综合试点改革，建立了服务业项目库，编制完成了《富川瑶族自治县服务业集聚区规划》。一方面，把一些经过实践证明行之有效、成熟的措施转化为经常之举、普遍之举，以便巩固其成果，从而找到正确的路子；另一方面，通过立法和长期规划保障公共服务向纵深推进，并对经济和社会发展中可能带来的主要公共服务问题用法律手段预防和制约。这些制度的建立和执行，不仅构架起了农村社区公共服务的制度体系，而且有效地提升了社区公共服务标准化建设的执行力和效率，为打造自治区级服务业集聚区提供了经验。

富川瑶族自治县还通过提升服务人员素质水平，进一步推进公共服务标准化。农村社区服务主体和当地居民素质高低直接影响农村社区服务标准化的程度，进而影响农村社区居民的生活满意度。富川瑶族自治县在推进农村社区服务标准化的过程中形成了加强社区公共服务人员和居民专业培训的基本经验。第一，加大培训经费投入，实施居民素质提升工程。加大对社区公共服务人员和居民培训的资金投入，为培训顺利开展提供保证。富川瑶族自治县麦岭镇充分利用上级涉农资金，加大对社区公共服务人员和居民培训的资金投入，提升社区公共服务人员和居民的综合素质。古城镇通过实施居民素质提升工程，营造良好的培训环境，有效激发了社区公共服务人员和居民提升自身综合素质的内在动力。第二，建立农村社区公共服务人员的培训基地。通过搭建社区服务人员培训平台，广泛开展对农村社区服务人员的专业技能、职业素养、服务规范等内容的教育培训，进一步提升社区公共服务人员的专业服务能力。麦岭镇高桥村注重基础设施建设，充分利用涉农资金建立培训基地、产业、淘宝、农家乐等，为社区服务人员培训搭建平台。第三，构建互联网 + 职业技能培训模式。通过将线上和线下培训有机结合，扩大培训规模，分类施策培训，培训对象的培训时间不受时空限制，自主加强薄弱环节培训，增强了培训效果。城北镇积极组织村民开展培训活动，利用互联网技术和邀请有关专家给社区服务人员和村民进行培训，不断提高社区服务人员和村民的服务技能和综合素质。

2. 服务农业产业化模式

在推进农村社区服务标准化的过程中，富川瑶族自治县十分重视党建对服务农业产业化的引领作用，充分贯彻落实党和国家的方针政策，发挥互联网优势，通过村企联建等方式，不断完善农业产业化的服务支撑体系。

坚持党的领导，构建“党建 + 农业发展”新模式。富川瑶族自治县大深坝、洋新村按照“党支部 + 农户”模式，在村党支部的带领下，充分利用好生态、土地、交通、人文等优势，以打造“现代特色农业林业（核心）示范区”为切入点，积极引导和带领群众抓种植，走生态特色产业新路子。同时，加快土地经营权流转，适度扩大农业生产规模。大深坝村利用毗邻华润园区优势，在产业化发展方面当上了排头兵，通过土地流转 1500 亩，引进贺州农投集团创办恒丰农业。茅刀源村整合土地近千亩，全部流转给广西锦沐仁和中草药种植有限公司，种植了多种中草药材，打造起了大型的中药材种植基地。此外，采用“互联网 + 农业”新模式，创新农业服务方式。将互联网运用到农业领域，是完善农业产业化、标准化服务体系的重要途径。通过互联网技术平台和大数据处理，把农户和商家联系起来，使得农产品销售能够直接由农户和商家对接，为农户提供了有效的信息服务，拓宽了农产品销售渠道。下湾村通过“互联网 +”“党旗领航 · 电商扶贫”、设置便民服务小超市，对外推介下湾旅游、脐橙、铁皮石斛等特色产品，为居民提供便捷购物，进一步拓宽农产品销售渠道。最后，积极推进村企联建，以工业反哺农业。大深坝村通过立足“村企结对”“村企互动”“村企会商”等具体方式，将城市文明融入农耕文化当中，依托华润电厂、粤桂合作园、村办企业华商创业园等重要优势，进一步推动大深坝村的开放，由原来一系列的诸如网格化管理、服务外包、联防联治、门前三包等治理手段，转变为“社区治理社会化”。牛背岭村则依托华润园区的优势，进一步推动牛背岭村的开放，实现治理手段多样化、社会化。

4.4　富川瑶族自治县推进农村社区治理的问题及对策建议

富川瑶族自治县以“推进农村社区治理社会化、自治规范化和服务标准化”为实验主题，探索农村社区治理道路并取得了初步成效，但探索仍处于初级阶段。为了进一步巩固拓展富川瑶族自治县农村社区治理成果，实现农村社区治理现代化与乡村可持续发展有效衔接，使农村社区治理迈向新台阶，下面将基于“治理社会化、自治规范化和服务标准化”三个方面，剖析富川瑶族自治县在推进农村社区治理现代化过程中的可提升之处并提出相应的对策建议。

4.4.1　推进农村社区治理面临的主要问题

1. 推进农村社区治理社会化的主要问题

（1）社会力量参与社区治理的广度深度有待增强

第一，社会力量参与农村社区治理的方式较为单一。社会力量主要是以资金支持的方式参与农村社区治理，为健全和完善乡村社区基础设施服务体系提供了一定的资金保障，但是社会组织仍较少参与到社区的日常管理工作。现有社区社会组织更多的是追求经济利益的合作社或协会，社会公益性组织比较少，参与到农村社区治理的程度仍不够深入。

第二，社会力量参与农村社区治理的积极性和主动性不高。一方面，是社会力量参与主体结构问题，当前乡村社会治理人群中，中老年人占据比重较大，青年比重较小。另一方面，由于社会组织对社区治理的认识不够深刻，不清楚自身在社区治理中的角色及作用，参加社区活动的积极性多被动，自身主动参与社区治理的意识不强，不能很好地促进社区治理的现代化进程。

第三，新乡贤在农村社区治理中发挥的作用有限。葛坡镇政府调研座谈中，镇长提及有些村还未建立乡贤理事会，乡贤在参与社区治理中，遇到群众利益分歧较大的矛盾问题时仍需要镇政府牵头处理。退休干部虽然经验丰富，但因年纪较大、个人精力有限，在社区治理中发挥的作用有待加强。

第四，社会力量参与农村社区治理的经验不足。社区的治理需要充分了解社区的实际情况，由于社会力量人员来源地不同，再加上有的人员工作地和居住地都不在农村，平时接触社区相关事宜的机会比较少，与群众沟通交流不多，他们对正在不断变化发展着的社区情况不能很好地掌握，因此在参与社区治理相关事宜商讨时很难提出有针对性的建议，缺乏治理新型社区居民以及新型社区事务的能力和经验。

（2）社会力量参与社区治理的基础条件薄弱

第一，农村社区治理的基础硬件设施不健全。乡村社区中的基础硬件设施普遍存在着数量少和年限老的基本特点。比如教育基础设备不够先进、文体娱乐设施不够健全，少量的文化娱乐设施难以满足村民基本公共服务需求。人均享有的公共资源少，特别是社区公共服务供给难以满足村民日益增长的生活需求，存在硬件设施和软件设施不足的问题，导致社区治理效果不佳。

第二，农村社区治理的软实力不足。乡村社区工作人员文化程度不高，再加上参与社区治理工作的年轻人较少，在社区治理中难以运用新思维、新理念、新方法去创新社区治理模式，难以形成工作亮点，总结工作经验方面的能力较弱。调研中发现，一些乡村社区在乡村治理方面取得不错的成效，但由于缺乏系统概括凝练能力，没有形成一套系统的、具有自身特色的治理机制。

第三，社会力量参与农村社区治理的规章制度不够健全。由于社区治理的内容十分广泛，涉及人们生活的方方面面，短时间内形成和落实全面规范的管理体系较为困难。没有充分搭建社会力量参与乡村治理建设的政策平台和服务平台，在立项、服务、考核等方面规范社会力量参与的程序还不够健全，社会力量参与农村社区治理的机制和方式有待完善。

（3）社会组织参与社区治理的程度有限

第一，参与社区治理的社会机构和组织数量仍较少。目前社区治理主要依靠政府和社区居委会、村民参与社区日常管理，参与农村社区治理的社会组织仍非常少，有的村庄还没有社会组织力量参与到社区治理工作中。由于没有充分挖掘社会组织在社区治理中的潜力，导致社会组织在社区治理中的作用得不到充分发挥。

第二，社会组织参与社区治理的领域较少。目前社会组织参与治理的领域主要集中在慈善、教育等领域，而其他领域较少涉及。而社区治理的内容涉及社区服务、社区环境、社区安全、社区文化等多个方面，可见社会组织参与社区治理的覆盖面仍较为狭小，社会组织参与社区治理的内容有待完善。

第三，参与农村社区治理的社会组织规模较小。由于乡村社区的发展仍比较滞后，社会组织的发展重心不在乡村社区，导致其投入到乡村社区的人力、物力及资金都比较有限。参与农村社区治理的社会组织的规模相对较为有限，制约了其在乡村社区的发展壮大。

第四，社会组织与乡村社区相关部门之间的联系和合作频率仍较低。虽然社区治理有社会组织参与，但是社会组织参与社区治理的程度仍不够深入，其与乡村社区相关部门之间的沟通与合作频率仍较低，社会组织与乡村社区相关部门之间未能形成一个良好的互动合作模式。

（4）缺乏对社会组织的培育及支持力度

第一，政府对社会组织的引导和激励力度仍不足。由于政府对社会组织参与农村社区治理方面的引导和激励措施还没有形成合理的体系，社会组织与村干部、村理事会、新乡贤等主体之间的沟通和联系未能充分协同，没有形成多方举措的合力，在沟通协商处理社区事宜的效率和效果上有待提升。

第二，社会组织在社区治理的运行机制和管理体系尚未健全。调研发现，政府与社会组织在社区公共管理与服务中的功能及权责关系有待理顺，规范的运行机制和管理体系有待完善，社会组织人员在社区治理中所承担的职责不够明晰，政府职能与社会组织在一些方面存在职能交叉重叠，容易引发不作为或者乱作为现象，社会组织功能发挥不佳。

第三，政府对社会组织参与农村社区治理的培育和支持力度不够。在日常社区治理中，缺少针对社区治理相关内容的培训，社区治理的新方法、新理念不能及时有效地传达，部分参与社区治理的社会机构相关人员对社区治理内容、目标和要求不够了解，导致部分具体做法缺乏针对性和有效性。

（5）互联网等新技术、新方法的运用程度有限

第一，标准规范的社区治理网络体系尚未形成。村民在社区治理事务的办理中，主要以传统的人工窗口办理为主，有的程序较为烦琐，村民较少能够运用互联网去处理社区治理相关事宜，社区工作人员办理社区相关事宜的效率有待提升，无纸化和便民化的社区治理模式尚未成熟。

第二，社区治理互联网系统尚未普及。缺乏专业技术人员对社区治理管理系统进行构建、完善，政府安排专业人员对社区工作者进行技能培训的次数较少，部分社区工作者的治理理论较为欠缺、工作技能不够扎实，治理理念没有及时更新，导致运用新技术和新方法进行社区治理存在一定困难。

第三，部分社区治理工作人员文化水平不高，专业技术能力较低。根据调研访谈中获取到福利镇的相关数据得知，截至 2019 年底，该乡镇政府从事公共服务类的公职人员数为 67 人，但是学历在大学本科及以上

只有 14 人，年龄结构情况为 20 - 25 岁 3 人，26 - 35 岁 16 人，36 - 45 岁 30 人，46 - 55 岁 14 人，56 岁及以上 4 人。可见年轻的社区工作者占据的比重不大，在社区治理工作中容易产生后续动力不足等问题。大多数社区工作者的受教育水平不高，在传达领会和落实社区治理相关文件要求的能力上有待加强，使用办公软件的能力也有待提升。

第四，村民运用互联网技术的能力有所欠缺。由于村民年龄结构、文化水平有所差异，再加上农村的留守儿童、留守妇女、留守老人居多，尤其是年老的村民，对互联网技术的认知程度很低甚至不了解，他们接受新事物的能力比较弱，因此全面实现社区治理信息化存在一定的困难。

2. 推进乡村社区自治规范化的主要问题

（1）社区自治规范化的总体程度有待提升

通过建立“一约四会”“一村一村民理事会”“党建引领 +”等方式，进一步规范了乡村社区居民的民风民俗行为，村民参与社区公共事务治理的程序以及社区的人居环境整治工作更加规范化。但不可否认的是，在乡村社区自治规范化过程中，由于政策落地还存在“最后一公里”问题以及自治主体功能未能充分发挥、集体经济不发达等原因，导致乡村社区自治规范化的总体程度还有待提升。

第一，村民的法治观念仍有待提升。富川瑶族自治县乡村社区村民受教育程度不高，对于社区治理相关的法律法规的认知接受和理解力还有待提升。面对乡村许多问题，村民仍习惯于根据传统的经验和方式来解决，法治意识较淡薄。富川瑶族自治县在增强村民的法治观念意识，培养信法、学法、用法、守法的新时代农民方面还有待加强。

第二，乡村社区干部法律意识以及工作能力需进一步提升。通过走访各乡村社区发现，部分乡村社区干部存在法律意识淡薄，处理问题未能按照法律法规处理而是按经验办事的问题。在培养乡村社区干部依法治理的能力，建立健全决策权、监督权等权力结构和运行机制，促使村干部合理运用权力等方面有待进一步提高。

第三，法律法规体系还有待进一步完善。有部分村民反映乡村社区中缺乏法律援助机制，缺少法律服务队伍，还未建立专门法律人才库以及未成立法律顾问团等。乡村社区自治规范化是一项长期系统的工程，涉及多方面的利益关系，需要相关的法律规定规范社区自治中各主体行为，为各主体提供相应的法律援助，使社区自治有法可依。因此完善社区自治相关的法律体系，是社区自治规范化顺利进行的重要法治保障，也是今后各乡村社区推进自治规范化所需要解决的实际问题。

（2）自治组织载体数量有限

在推进乡村社区自治规范化过程中必须要有一定的自治组织载体，即乡村社区居民以各种自治机构和各种组织为依托进行自治活动。富川瑶族自治县在推进乡村社区自治过程中根据国家规定成立了一定数量的村民自治组织，但是数量仍然有限。

首先，村民组织数量有待进一步增加。村民组织是村两委联系广大村民的桥梁和纽带，发展村民组织是促进乡村社区自治规范化的必然选择。但是，通过实地调研了解到，富川瑶族自治县农村村民组织较少，有的社区没有成立专门的村民组织，部分社区虽然成立了村民组织，如治保小组、道德评议会、村民议事会等组织，但是数量有限，未能满足乡村社区的发展要求。增加一定数量的村民组织是今后乡村社区推进自治规范化需要解决的问题。

其次，村民组织的有序运行仍需要规范。乡村社区自治规范化的一个重要体现就是乡村社区中的村民组织能够按照一定的规范严格有序开展工作。在调研中发现一些村民组织的运行有序化程度还需增强，村民组织的权责体系界定不够清晰、组织结构仍不健全、组织管理层次设置不合理等问题仍在一定程度上存在。村民组织运行的不规范，在一定程度上制约着村民自治规范化的发展。

（3）社区自治主体的素质和结构有待改善

第一，自治主体的总体素质有待提高。乡村社区自治规范化的形成有赖于自治主体的总体素质的提高。在洋新村、石坝村、茅厂屋、下湾村、罗丰村、浮田村实地调研时，了解到部分农村工作人员的素质有待进一步提高。其中洋新村在推进农村社区治理工作过程中，由于部分工作人员自身能力不足，廉洁意识和服务意识不强，导致治理工作半途而废。部分村民指出，部分村干部服务意识弱、法律意识淡薄、多按经验办事。这反映出富川瑶族自治县部分乡村社区工作人员的职业素养、法律素质、政治素质和文化素质等有待提高。

第二，乡村社区自治的人员结构有待进一步优化。乡村社区自治需要管理人才、技术人才等多种类型的人才，社区自治主体人员结构是否合理是影响社区村民自治规范化的重要因素。目前大部分乡村社区自治的人员主要是由老党员和退休干部组成，缺少具有创新观念和管理能力的青壮年。在洋新村、石坝村、下湾村、罗丰村、浮田村实地调研时，发现不少本村自治人员结构组成问题。例如石坝村理事会由退休教师、退伍军人、致富带头人、村小组组长、返乡务工人员组成，缺乏青壮年以及具备专业知识的相关人员参与到农村社区治理过程中，反映出部分乡村社区的自治人员在年龄、知识水平等方面仍存在不合理性。优化人员结构是今后开展自治工作需要解决的问题。

第三，乡村社区工作人员待遇普遍较低，存在留人难的问题。在富川瑶族自治县城北镇政府座谈中了解到，村民小组长政府补贴每个月百元，补贴较少，导致村民小组长参与村级事务管理的积极性不足，部分村民小组仅有一个村民小组长；村两委 3 – 5 人，最多 7 人，没有财政补贴，村务工作者工资千元左右。由于辅警工资待遇低，导致警务力量配置少，基层治安工作压力较大，社区的治安有待加强。

（4）缺乏足够的资金投入和基础保障

资金投入是乡村社区自治规范化的命脉，要想使乡村社区自治形成规范化，就必须有雄厚的资金作为保障。在走访调查中发现，富川瑶族自治县在推进乡村社区自治规范化过程中缺乏足够的资金投入和基础保障。

首先，缺乏足够资金投入。乡村社区自治的资金来源除了国家和政府拨款之外，一个重要的来源是村集体经济。但是，当前富川瑶族自治县的部分乡村社区集体经济较薄弱。牛背岭村干部反映，在社区治理过程中存在集体经济比较薄弱问题，缺乏社区公共事务管理的经费保障；石家乡黄竹村同样存在经费紧张问题。资金是社区自治的重要保障，促进乡村社区自治规范化需要资金，要想实现乡村社区自治规范化，需要长期稳定的资金保障。乡村集体经济薄弱，经费短缺成为制约乡村社区自治发展的瓶颈，影响了乡村社区自治规范化。

其次，缺乏强有力的基础保障。完备的基础设施和公共服务能够进一步保障自治规范化的顺利进行。富川瑶族自治县的社区基础保障还不够强，乡村社区信息化和公共服务等工作仍需加强。社区自治规范化需要强有力的基础设施作为保障，缺乏完善的基础保障制约着自治规范化。

（5）自治规范化的流程、运作机制尚待完善

实现乡村社区规范化，必须规范乡村社区自治的流程和运行机制。富川瑶族自治县在推进乡村社区自治规范化过程中取得不错的成绩，其形成的运行机制已初显成效，但在社区自治规范化流程以及运行机制方面还存在一些问题。

第一，自治流程不够规范。合理规范的自治流程应该是自治主体有条不紊地按照法律相关规定治理社区相关事务。在调研葛坡镇时了解到，在重大事件决策中，大部分乡村社区是按照“四议两公开”的做法开展工作。但是部分乡村社区在具体执行上有所差异，存在执行流程不规范问题。比如一些乡村社区的党员干部仍然习惯于“命令式”或“一言堂”的工作做法，未遵循规范的工作程序。此外在自治过程中，部分乡村社区的自治工作并未做到及时、准确、全面。对于决策结果往往不能及时公布，或者是公布错误信息，缺少规范性和科学性，制约着社区自治规范化。

第二，运行机制需进一步健全。合理健全的乡村社区运行机制包括民主选举、民主决策、民主管理、民主监督四个方面，村民自治规范化的形成有赖于四个程序的合理、合法。调研团队在收集富川瑶族自治县相关资料过程中发现，在洋新村、石坝村、茅厂屋、下湾村、罗丰村、浮田村存在农村社区治理体制机制不完善情况，缺乏一套行之有效、权责明晰、定位分明的农村社区治理运行机制。在运行过程中还需进一步促进民主选举法治化、民主决策程序化、民主管理科学化、民主监督制度化。

第三，民主监督机制需进一步健全。乡村社区与市县相比，乡村社区的监督体系还比较薄弱，乡村并未像市县乡设置人大常设机构、纪检监察等机构。虽然许多地方设立了村务公开监督小组和村民民主监督小组，但是这些监督小组本身是在党支部和村委会领导下开展活动，所起的作用有限，在今后推进乡村社区自治规范化进程中需要进一步完善民主监督机制。

第四，缺少完整的评价体系。一个完整的制度体系，不仅仅包含制度的制定过程，还包括执行、评价、改善过程，其余三个过程同样重要。因此富川瑶族自治县乡村社区自治规范化不仅要求纪律条规的制定，还要求在执行过程中把握质量，对实施效果进行规范评价，进而方可对现有制度进行完善，形成一套完整的制度体系。

3. 富川瑶族自治县推进乡村社区服务标准化的主要问题

（1）服务标准化的总体程度有待提升

第一，社区服务标准尚不完善。乡村社区在落实上级任务时，存在部分工作人员对上级工作要求理解不到位，或社区管理失职等情况，这就不可避免地出现重布置轻落实、服务标准化建设浮于表面的现象。同时，部分乡村社区对于计划生育的引导、留守儿童的看护、老龄人口的关照等内容缺乏服务流程、岗位职责等相应工作规范，没有从职能导向型转变为流程导向型。

第二，社区工作标准化管理不够规范。一些社区服务部门虽然构建了服务流程，制定了工作标准，但管理制度落实不足，没有建立相应的责任制。此外，监管规则及其执行机制不健全，对服务的监督检查和考核评价不够规范。

第三，社区服务常态化程度不足。一些乡村社区虽然制定了相应的工作职责。但在实际中，自然村由于散布各处，与行政村距离较远，工作人员并没有很好地结合工作手册落实服务工作，难以确保达到每周常态化的服务工作要求，未能进一步深入村民了解掌握基本信息和动态信息以及帮助居民解决一些实际问题和代办有关事项。

（2）社区治理人员的素质有待加强

第一，工作人员数量配备不足。就调研来看，乡村社区普遍面临着村务工作者人数不够的问题，而且乡村社区组织、管理和服务人员多由原村“两委”成员兼职，人手不足致使部分标准化建设的工作无法落实，效率不高。同时，参与乡村社区服务标准化建设的工作中，由于基层工作人员人数较少，以至于出现“一人多岗”“一人多职”等普遍现象，多项工作集中在一个人身上，难以精准推进工作标准化。

第二，工作人员能力不强。文化程度偏低、知识老化、专业技能不足等是共性问题。乡村社区服务的工作人员年龄多集中在 40 – 50 岁层次，工作接受度有限，难以胜任标准化服务的要求。

第三，工作人员积极性不高。由于乡村社区服务要求细致化、标准化，要求具备极强的耐心，当工作人员遇到困难的工作时，往往出现积极性不高的状态。目前，由于乡村社区工作要落到细处、落到实处，压力较大，琐碎事务较多，加上工作中缺乏有效的奖励机制，工作人员较少主动分担任务量，很多工作按照已有的“固化流程”开展，对社区服务标准化工作高质量推进造成一定程度的影响。

（3）社区服务的质量和标准参差不齐

第一，服务评估标准存在差异。服务品质和服务过程标准的差异影响了服务绩效评价体系的效用，不少乡村社区的绩效评估的内容和重点差别大，没有客观的衡量标准，不够制度化和规范化。同时，评估方法缺乏统一规范，不少绩效评估分散在目标责任制、社会服务承诺制等多种管理机制中，评估方法不一致，评估程序缺乏规范性，有的甚至可能流于形式，这也一定程度上影响了各乡村社区的服务质量。

第二，相关的技能培训时效性不强。在富川瑶族自治县麦岭镇高桥村开展调研中，在与社区工作人员的交流中了解到，在社区服务的日常工作中很少参与相对集中的、系统的、与工作相关的技能培训。培训活动有时是为了完成上级领导布置的任务，而且参加学习的人员相对固定，在学习的过程中培训人员与工作人员交流较少，针对受培训人员的学习成果未能形成有效的反馈。反映到工作中，容易导致机械地完成任务，或者出现理解偏差，进而导致服务质量的降低。

第三，结果评估标准存在差异。经过调研发现，许多乡村社区缺乏系统的服务结果评估标准，对于社区服务满意度、相关制度落实程度等缺乏标准化的考核机制，导致对服务质量认识不足，降低了实际问题的解决效率，无法及时有效地改善服务能力、质量和效率，进而导致各乡村社区的服务标准和质量存在较大差异的现象。

（4）相关的设施投入和物质保障尚不充分

第一，公共服务和产品的质量得不到全面保障。产品和服务质量是社区服务的核心，具体表现为公共服务建设投入多少资金，达到什么标准。例如乡村道路硬化的宽度和厚度、乡村饮用水的水质级别等，这是进行资源配置、提供物质保障的主要依据。目前，富川瑶族自治县乡村社区不同地区、不同群体的公共服务和产品的品质存在一定差异，并未制定统一标准。由于缺乏产品品质和办公设施标准，造成财政资金安排缺乏科学依据，预算支出定额标准随意性较大。同时，在购入公共服务产品时可能只考虑了低价格因素，难以保证产品质量。

第二，办公设施等物质条件保障有待提高。办公设施是提供服务的物质条件，包括场地、设施设备等，用于提供公共服务的物质基础得不到保障，就会影响办公效率。富川瑶族自治县大多数乡村由于地形地貌地理位置的影响，存在一个行政村、多个自然村散落各地的现象，村民办事需要消耗大量的时间精力，这大大影响了村民对社区服务的满意度。办公设施的投入或修建办事分驻点、加大服务人员配给、加强物质保障的问题仍是需要继续攻克的难题。

第三，资金保障未实现全覆盖。富川瑶族自治县柳家乡下湾村获得了自治区级部门涉及基础设施、产业发展和新农村建设三大工程的项目资金支持。在水、电、路、田、环境卫生等多方面得到了全面改造，村民们纷纷拆除旧屋，建起富有民族特色的楼房。但是，用于公共服务的资金投入未能全覆盖，并不是每个村落都能申请到项目经费，村内的村民娱乐中心、公共休闲场所、农村幸福院、文化宣传长廊等基础设施，因缺乏资金的持续投入而迟迟不能修建，部分村落的村民生产生活条件也未得到明显的改善。在资金投入和物质保障方面，乡村社区基本公共服务支出占财政支出的比重依然处于较低水平。

4.4.2 助推农村社区治理、实现可持续发展的对策建议

1. 推进农村社区治理社会化的对策建议

社区治理社会化的过程实际上就是村民自治不断发展的过程。针对富川瑶族自治县农村社区治理社会化存在的主要问题，我们提出以下若干建议。

（1）健全“党建＋社会力量”的多元主体治理体系

首先，充分发挥基层党组织在农村社区治理社会化中的引领作用。党建是农村社区治理的动力、方向和生命之源，是“火车头”。注重发挥党建在社区治理过程中的思想引领、组织引领、制度引领和作风引领作用，不断完善“党委领导、政府主导、民政牵头、部门配合、社会参与”的社区治理工作多元主体治理格局。

其次，健全多元主体共参共治的社区治理社会化新格局。结合自然村和行政村的实际情况，不断优化社区基层组织设置，不断健全以社区党组织为核心、自治组织为主体、社区服务中心为载体、群团组织为纽带、群防群治队伍为保障、其他组织为补充的乡村社区“党建 + 社会力量 +”的多元主体治理体系。

（2）持续引进企业力量参与推进社区治理社会化

首先，引进农业龙头企业，支持和鼓励农业龙头企业发展壮大，助推社区治理社会化，进而谋求乡村可持续发展。对农村建设进行合理规划，结合本地农业可供经营的土地资源、种植资源和物流环境的存量等情况，对农田连片面积较大、农业基础条件好的地方，引进农业龙头企业参与农村特色产业发展和乡村社区建设。通过总结经验、创新思路、强化服务，支持和鼓励农业龙头企业发展壮大，更好地吸引农村劳动力就业，引导和带动农民致富，反哺农村经济可持续循环发展，同时也有利于更好地推动农村特色产业发展。

其次，继续发挥村企联合联建的优势，助推社区治理社会化。村企联合是富川瑶族自治县乡村社区建设的一大特色，通过立足“村企结对”“村企互动”“村企会商”等具体载体，凝聚村民共识，塑造文明乡风，在产业培育与社区治理的双向互促中形成新型农村社区治理机制。要继续充分发挥村企结对共建优势，塑造文明乡风，打造民族特色宜居社区。充分利用乡村闲置的农业用地，吸引和承接外来企业转移产业，继续扩大村企联合，利用龙头企业参与乡村社区建设，带动乡村社区快速发展，逐步形成多元主体推进社区治理社会化的新格局。

（3）借助农业生态旅游优势，助推社会力量参与社区治理

首先，持续打造生态经济可持续的发展模式。依托当地的地形优势、秀丽山水、乡村文化等优势条件，突出特色，重点发展生态种植、乡村旅游等产业，拓宽群众的增收渠道，促进生态、经济可持续发展。围绕乡村特色产业和旅游发展等主题，通过引进企业，统筹和加强对乡村自

然和文化资源以及产业发展的合理布局，精心编制和执行村庄建设规划、整治规划，不断提高村庄建设科学化水平，完善乡村社区基础设施，改善乡村社区人居环境，重点抓好“道路硬化、水源净化、环境美化、卫生保洁经常化、社区住宅区亮化”等工作，为发展旅游产业打下良好的环境基础，充分利用乡村的生态资源，发展脐橙、铁皮石斛、沃柑等现代特色农业和生态休闲观光旅游产业，吸引外地游客观光旅游。通过运用“互联网+”“党旗领航·电商扶贫”、设置便民服务小超市，对外推介本村的旅游、脐橙、铁皮石斛、红薯、沃柑等特色产品，实现旅游产业带动特色产品的销量。

其次，完善乡村旅游发展机制，促进乡村生态旅游业可持续发展。加强区域协作、合力推动，制定和实施乡村旅游发展战略规划，共建旅游基础设施、共享旅游营销平台、共享旅游品牌，推动乡村生态旅游发展。从乡村旅游与生态环境融合发展的角度，推动各类专项规划、资金、市场、人员的整合，推动乡村旅游发展机制的完善。发挥富川瑶族自治县的历史文化资源优势和自然资源优势，引进社会资本参与乡村生态旅游发展，做大做强乡村生态旅游业。

（4）加大对社会组织的培育、引导和支持力度

第一，借助发展区域特色产业，支持合作社的可持续发展。依托富川瑶族自治县乡村的资源优势，按照“打基础、强产业、助增收”的发展理念，以党组织为引领，成立村民专业合作社等，在合作社的统一带领下，因地制宜，狠抓水果种植、烤烟种植、蔬菜种植、生猪养殖等特色产业发展，发展村集体经济，增加村集体收入。

第二，借助村办企业，支持引导社会组织力量参与社区治理。支持龙头企业加大投入，应用农产品深加工技术，壮大村办企业规模，扩大群众的就业占比，提高村民收入和集体经济收入，为服务社区治理提供经济支撑。利用村办企业经济优势积极参与社区事务，除提供就业服务外，每年开展“金秋助学”“雷锋志愿者”“重阳节敬老”等各类活动，

带动社区持续健康、开放发展，积极扶持发展农村社会组织。通过直接资助、以奖代补、购买服务、公益创投等方式，引导各类社会组织参与农村社区治理与服务，支持社会力量在农村兴办养老助残、扶贫济困等社会事业。

第三，引进社会资金，助力乡村社区治理社会化。

一方面，推动各级财政加大对农村社区治理与服务的经费投入力度，完善政府、社会多元化投入的经费保障机制，落实乡村社区基本运转经费，保障农村社区治理与服务。另一方面，不断拓宽农村社区治理资金筹集渠道，引导社会资金投向农村社区治理领域，鼓励各类组织、企业和个人举办与居民生活密切相关的社区服务业，对开展公益性服务和社会力量兴办的微利服务给予政策和资金扶持。

（5）推进互联网技术与社区社会化治理相结合

第一，不断加大乡村信息基础设施建设。加快农村地区的宽带网络覆盖，切实改善农村网络接入和宽带条件，采用多种手段实现偏远乡村联网覆盖，提高乡村基础设施数字化水平，深入推进信息进村入户工程，加快完成农村电网改造升级。为行政村、自然村配备电脑、电视机、办公桌椅、远程教育设备等办公设备，提升农村信息化服务水平，为推进农村智慧社区建设、提升农村社区治理水平和治理能力现代化奠定基础。

第二，加快乡村社区综合服务信息平台建设。推进新型智慧农村建设，务实推进智慧社区信息系统建设，积极开发智慧社区移动客户端，实现服务项目、资源和信息的多平台交互和多终端同步。充分利用互联网、人工智能、大数据等现代社会治理技术，实现资源共享、制度衔接、服务全覆盖，全力打造农村智慧社区。依托“互联网 + 政务服务”相关重点工程，加快乡村社区公共服务综合信息平台建设，实现一窗受理、一网通办等，强化“一门式”服务模式的社区应用。推动社区以“两学一做”、创建共产党员服务城活动为抓手，通过运用社区微信公众号、微信群、QQ 群等开展党的活动，建立线上线下服务模式，积极将乡村社区政务公开于民，探索推行党建新模式。实施“互联网 + 社区”行动计划，加快互联网与社区治理和服务体系的深度融合，运用微信、QQ、移动客户端等新媒体，引导农村群众密切日常交往、参与公共事务、开展协商活动、组织邻里互助，使村民群众能够第一时间掌握第一手信息，不断探索网络化社区治理和服务新模式。

第三，发展“互联网 + 现代农业”。如通过引进“阿里巴巴”与“拼多多”等农村电商平台，完善县、乡、村三级电商服务网络体系，加强乡村社区信息化建设，结合信息进村入户和电子商务进农村综合示范，积极发展农产品销售等农民致富服务项目；结合富川瑶族自治县的自然资源优势，将本县的农产品，比如柑橘、脐橙、红薯等，借助电商进行推广，使农产品能够适销对路，打造品牌效应，扩大市场规模。推进“互联网 + 乡村建设”工程，在引导群众致富的同时，进一步完善农村社区治理信息网络。

2. 富川瑶族自治县推进乡村社区自治规范化的对策建议

乡村社区自治规范化是高质量乡村社区治理的前提和保障。在农村社区治理已初步取得成效的情况下，要进一步实现乡村社区治理规范化，从而实现乡村可持续发展，我们有以下几点对策建议。

（1）持续提升党建引领社区自治规范化总体水平

第一，继续将基层党建融入社区治理的各项事务中。一方面，各乡村社区继续贯彻落实党员联系服务群众的“责任田实名制”，加快推进“党建 + 产业发展”“党建 + 合作社”“党建 + 生态乡村”等新模式的发展；另一方面，各乡村社区建设好党员志愿服务队伍，明确党员在农村社区治理中的职责分工，强化党员责任意识，发动党员群众围绕理论政策宣讲、助学支教、医疗卫生、法律服务、卫生环保、扶贫帮困等方面开展各类志愿服务活动，充分发挥乡村社区党建的突出作用。

第二，强化阵地建设，充分利用好党建文化长廊，发挥党组织战斗堡垒作用。

党建文化长廊应及时结合国家和社会发展动态不断更新内容，宣传习近平新时代中国特色社会主义思想，宣传乡村发展、乡村建设、乡村治理等方面的新政策新进展，彰显本乡村社区的党建工作。各乡村社区在设计党建文化长廊时还应增强党建文化长廊内容的感染力，利用贴近村民实际生活的亲切易懂的语句，更好地发挥党建文化长廊的教育作用。

第三，全面推行“四议两公开”工作法，落实三会一课、党员议事会等制度。

各乡村社区党组织应通过党支部带动，完善基层群众自治制度，建立健全村务的民主决策、民主管理和民主监督制度，引导基层群众进行自我教育、自我管理、自我服务。

第四，继续从严抓好党员管理。在加强党员日常管理的基础上，各乡村社区党组织还要多组织党员开展对党章党规、党史等内容的学习，并定期开展形式多样的党员活动，对优秀党员事迹及时进行表扬，提高村党支部的号召力、凝聚力和战斗力。

（2）健全和深入推进“一约四会”制度

第一，规范各乡村社区村规民约的运行。各乡村社区的村规民约必须要在实际工作中得以体现，村规民约应结合国家政策和自身实际，利用村规民约开展“三清三拆”、移风易俗、树文明新风活动等，充分体现村规民约的约束性和可操作性。加强对村规民约的管理和监督，一方面设置奖惩制度，各乡镇定期对各农村社区村规民约的情况开展星级评比活动，另一方面提高对村规民约的监督力度，设置村规民约监督小组，村“两委”成员和党员代表等要主动践行村规民约，提高村规民约的约束力，为村民做表率，为村规民约顺利推行提供强大助力。

第二，进一步规范各乡村社区红白理事会的运行。规范红白理事会的组成人员，各乡村社区选择德高望重、热心公益的村民或村干部组成红白理事会的成员，引导和说服村民在红白喜事上不大操大办等。除此，还应加强对红白理事会成员的培训和管理，提高其服务能力和水平，尤其是在对婚丧事做到一视同仁，不搞优亲厚友。

第三，规范村民参与道德评议会和村民议事会的程序。道德评议会的会员肩负着引导村民树立正确的价值观、道德观、是非观的职责，为此组成人员应由有道德、懂法律、群众威望较高的村民组成，并应经过民意测评和公示，由村“两委”会审定。村民议事会应体现村民自治，符合本村实际和大多数人的利益，议事会任期为三年，但村民议事会成员每年应接受一次村民会议（村民代表会议）的民主评议，连续两年被评议不称职的，其职务自行终止，以此提高村民议事会成员的责任感和服务力。同时，要规范村民议事会的议事方法，议事会的召开要有村党组织书记把关和村民委员会监督。

第四，大力推进各乡村社区禁毒禁赌协会规范开展工作。禁毒禁赌协会成员要定期学习国家法律法规，完善法律知识，提高成员的理论水平。同时，禁毒禁赌协会的运行必须规范，对初次和屡教不改的吸毒、赌博的人员采取不同的措施。对初次发现者通过说服并不定期走访，进行思想教育，强化监督，发动群众对毒品、赌博行为进行检举揭发。对屡教不改者应交由公安机关处理。

（3）多措并举规范乡村生态环境治理

第一，继续推动社区生态环境整治规范化，促进乡村社区生态持续发展。“绿水青山就是金山银山”，保障生态环境可持续发展在社会经济发展过程中的重要性不言而喻，在农村社区治理中环节中也同等重要。大力宣传政策要求，加强与村民的沟通，抓好工作落实，及时反馈情况。同时，在推进工作的过程中，要结合本村实际情况，保留和修缮好村中历史文化景观，并充分利用土地，因地制宜做好规划，与相关农旅项目串联起来，带动农村各项事业发展。

第二，加快推进“美丽富川，宜居乡村”工程。各乡村社区要结合乡村振兴战略，按照“六有”“四宜”标准，重点抓好“道路硬化、水源净化、环境美化、卫生保洁常态化、社区住宅明亮化”等工作，发挥好治保小组作用，持续推进乡村社区建设和治理创新，打造一批和谐有序、绿色文明、开放包容、共建共享的乡村幸福家园。

第三，继续投入资金和人力做好农村人居环境整治工作，实施村容村貌整治项目。一方面充分利用好村务及后盾单位资金，加大对环境基础设施的投入；另一方面组织村两委干部、党员代表、村民代表等开展集中卫生整治，积极组织人员做好垃圾清运和清洁工作，做好公路沿线、村委办公楼等重点区域的保洁工作，建立生态建设长效化机制，有效推动文明村、文明乡镇的创建和发展。

第四，进一步规范对农业、养殖业和生态旅游产业的环境治理。农业继续巩固提升“国家农产品质量安全县”的成果，坚持新发展理念，深化农业结构调整，做好耕地保护和质量提升补贴项目，推动“化肥零增长”行动，扩大秸秆还田面积。在养殖业上，继续推广生态养殖，改造旧养殖场，抓好养殖污染治理，撬动养殖企业自筹资金用于升级改造栏舍粪污无害化处理和资源化利用设施等，通过实施畜禽养殖废弃物资源化利用，加强养殖环节餐厨剩余物监管，将养殖业与污染治理同步推进。在旅游业上，要加强对乡村旅游示范点环境治理的监管，引导村民组成示范点环境保护小组，在旅游旺季增派人员参与环境保护，推动特色生态旅游景区的发展。

（4）完善和细化公共基础设施供给体系

第一，多渠道加大投入，完善农村基础设施。在大力促进农村基础设施“六个一”目标有效实现的过程中，除了按照《富川瑶族自治县加强村级组织运转经费保障工作实施方案》，为每个村（社区）落实村级组织办公经费外，还应要求各社区针对辖区内在外工作、创业人员，宣传社区治理工作中基础设施的重要性，并鼓励各类组织、企业和个人举办与居民生活密切相关的城乡社区服务业，对开展公益性服务和社会力量兴办的微利服务给予政策和资金扶持。通过多方筹措建设资金，加大对社区工作经费的投入，加强社区服务设施建设，通过新建、改建、扩建，使村级服务场所建设达到标准。同时，必须规范公共基础设施的经费使用。各乡村社区对公共基础设施的花费应按照“权随责走、费随事转”的原则，职能延伸到社区建设的部门每年要落实一定的工作经费，并将每笔用于基础设施建设的花费进行公开，接受村民群众的监督。

第二，进一步提高利用各乡村社区基础设施的服务水平。各行政村既要设置相关规则引导村民充分了解公共基础设施的功能、使用方法及注意事项等，提高村民珍惜和爱护公共基础设施的意识，又要设置本村公共基础设施专门的维护和保养人员，同时鼓励党员及村民干部积极参与对公共基础设施的保护和监管等，从而创新服务供给方式，有效提升社区共建共享意识。

第三，充分发挥乡村社区公共基础设施的优势，丰富村民精神生活。一方面建立健全农村基础设施的使用规则，鼓励村民充分利用公共基础设施，加强乡村社区篮球队、舞蹈队、雄狮竞技队、蝴蝶飞歌队等文体娱乐队伍建设，并结合本村节日开展娱乐休闲活动及比赛，振奋村民的精神面貌，大力推进精神文明建设；另一方面，紧跟国家和社会的发展动态，通过播放农村公益电影，开设道德讲堂、文化科技卫生理论小讲堂等，充分利用农村基础设施，发挥社会正能量，提高村民对社会主义核心价值观、荣辱观的认识，提高村民的道德文化素养，大力推进乡村精神文明建设。

（5）健全村民理事会工作流程和运行机制

第一，规范村民理事会的工作流程。村民理事会在村党组织领导和村委会指导下，组织村民开展协商议事、调解矛盾纠纷、兴办公益事业等，必须坚持一事一议并发挥民主决策的作用。同时，完善村民理事会的信息公开制度，会前及时传达会议主题和精神，会后对其结果张榜公开，保障村民理事会议事决策公开公正，充分调动村民参与村民理事会的积极性。村民理事会至少每季度向村民代表会议汇报一次工作，使村民理事会得到广大村民的认可和支持。

第二，规范村民理事会的运行机制，为村民理事会增添新活力。德高望重的长者虽对村民理事会发挥着重要的作用，但其对许多新鲜事物以及科技、法律等方面的知识有所欠缺，各乡村社区应大力吸引青年参与村民理事会，组织村民理事会成员定期进行学习和交流，提高他们的思想觉悟和工作技能。

第三，完善村民理事会制度。进一步完善村民理事会的议事规则、成员监督管理等制度，进一步明确村民理事会的职责范围，在村民理事会进行村务管理过程中，既制定完备的协助机制，又设置权利约束机制，并对村民理事会的人事、考评等定期进行评议，促进村民理事会服务村民能力提升。

第四，完善村民理事会的落实情况反馈机制。一方面，在村民代表大会上，村民理事会负责人对近期的议事事项的落实进度进行汇报，对没有落实到位的内容进行情况说明，听取村民代表意见和建议，最后整合村民代表的意见，提出更好的落实方案并公开征求村民意见；另一方面，要设立村民意见信箱或网上匿名留言箱并设专人管理，议事存在较大分歧时应该及时开会讨论解决方案。

3. 富川瑶族自治县推进乡村社区服务标准化的对策建议

农村社区服务应在满足行政规范化的基础上，构建高效的乡村社区服务标准，切实满足社区居民美好生活需求。同时，标准化的服务体系建设有助于政策的制定、执行、评估和完善。推进农村社区服务标准化，需要从以下几方面着手。

（1）建设农业产业化和服务标准化支撑体系

首先，服务乡村产业振兴，围绕农业产业链，开展不同农业产品的联合与合作，大力发展农资供应、动植物疫病预警与防控等社会化服务。引导龙头企业将农产品的研发、生产、加工、销售、服务等环节融为一体，优化农产品的产业结构，实行产销对接，发展特色农业，联结打通农户－企业－经销商之间的信息渠道，加快构建产销一体化的经济利益共同体。严格落实要求，推进标准化生产，实施全过程质量监管，提高农产品品质和效益。

其次，加快建立涵盖产前、产中、产后的特色现代农业全产业链标准化体系。

努力研发农业新品种，推进品种培优、品牌打造和标准化生产，引领农业绿色发展，开展生态农业、物联网农业等新兴领域标准化工作，提升农业机械化水平，探索推进家庭农场标准化建设，引领现代农业发展，不断提升农业质量效益和竞争力，培育一批又一批的农业企业标准"领跑者"。依托当地特色资源禀赋，打造优势主导产业，发展新产业新生态新模式，引导经营主体集聚集群发展，形成主导产业与新型经营主体相互倚重、相互促进、产业融合的协同发展格局，编织起一张牢固的业务、产品、服务有效对接的产业生态网。

（2）完善政务服务制度的标准化建设

第一，加强基本公共服务标准化。进一步加强基层基础设施和基本服务体系建设，整合组织、民政、社保、司法、治安、科技、教育、卫计、文化体育、农林水利、通讯电信、综治调解、信访维稳等管理职能和服务资源，分别建立起卫计服务中心、科技服务中心、文化服务中心、农业服务中心、社会保障中心等多种类型的村（居）委会综合服务中心，进一步规范乡村社区服务内容，明确向居民提供低保救济、就业、社保、教育、卫生、文体、法律等基本服务。

第二，加快乡村社区综合服务信息平台标准化建设。充分利用互联网、人工智能、大数据等现代社会治理技术，实现资源共享、制度衔接、服务全覆盖，全力打造乡村社区信息服务平台。围绕"标识统一、质量优良、设施完备、功能齐全"的目标，大力实施村级服务阵地和活动阵地改扩建工程，实现全县乡村社区服务阵地和活动阵地的标准化建设。

第三，优化运行流程，规范政务服务项目和内容。全面梳理镇村两级政务服务事项。在村务公开栏设置群众办事引导图，让群众能够一看就懂、一问就知、一听就会。对于工作的每一个环节需要明确其特定的要求，力求完善政务服务标准。利用现代信息化手段，实现政务服务事项最小颗粒化，逐步建立政务服务数据库，实施服务流程再造，从而达到政务服务便民、优质、高效的目标。

第四，明确政务服务事项目录清单，实行清单制管理。针对业务办理过程中遇到的疑难问题，要及时与各业务主管部门主动对接，交流业务情况，研究整改提升，研究业务难点与法律法规，确保业务人员牢牢掌握各项业务的办理流程，准确把握各项法律法规、规章制度的相关要求，做到政务服务工作规范化、标准化，逐步完善各项政务服务清单制度。合理界定服务标准化进程中的责任权限，制定相应的法律法规，配合公共服务标准化建设，保障标准化有序、规范运行。

（3）加强相关服务人员的综合素养培训

首先，加强对服务人员能力的专业培训。政府加大对公共服务标准化的培训力度，开设与服务标准化相关的培训课程，提升乡村社区公共服务的标准化执行能力，建立一支高水平乡村社区服务队伍。定期开展对服务人员的教育培训，提升服务人员的综合素质。鼓励服务人员积极主动深入乡村，开展调查研究，以增强社区服务的针对性。

其次，建立竞争激励机制，在竞争中激发干事活力，增强创业动力。提拔选用优秀村书记，建立村干部晋升机制，及时开展评优评先。出台农村带头人队伍能力素质提升计划，鼓励农村精英参与农村社区治理，选拔优秀大学生、专业社工人员等到乡村社区任职，为乡村社区配备更高素质的工作人员，不断提高乡村社区的治理水平。

（4）推行高标准套餐式服务，提高社区服务质量

第一，坚持以基层群众的需求为导向。以服务群众、群众满意为出发点和落脚点，坚持惠民先行的理念，通过发放有关服务标准化的调查问卷，广泛征求农村群众的意见，耐心聆听当地农民内心的真实声音，

突出“服务”二字，在“服务”上下功夫。

第二，深化服务内涵，推动农村公共服务要素配置均等化、服务质量目标化、服务方法规范化、服务提供程序化。全面推广乡村社区服务标准化建设，确保硬件建设、软件建设两手抓、两手硬，开设综合窗口，配备与之相应的服务设施。

第三，简化办理手续，提高工作质量和办事效率。有步骤地整合基层行政审批事项，实现审批服务动态更新和系统管理，大力推进乡镇综合便民服务机构与平台建设，深入推行“一站式服务”和“一门式办理”。积极建设乡村社区综合服务站点，推动基本公共服务事项进驻乡村社区办理，借助现代化网络技术推进村级综合服务站和网上服务站点全覆盖，运用网格化管理，把过去被动应对问题的管理模式变为主动发现问题和解决问题的模式。

（5）推进公共服务设施的标准化建设

第一，按照标识使用、窗口设置、设备配置、人员服务等标准，进一步推进乡村社区公共服务设施建设，不断扩大社区服务设施网络覆盖面。

第二，实行多措并举，调动社会力量积极参与，形成一整套系统化的经费保障机制。适当运用融资的方式解决财政资金缺口，联合社会资本，协同助力，助推公共服务设施的标准化建设。

第三，引导银行业金融机构优化资源布局，为乡村社区标准化创造健康金融环境。做好村卫生室、社区公共医疗等领域的金融服务。推动农村金融机构回归本源，不断提升金融服务乡村振兴实效，为乡村服务标准化提供稳定的资金保障。

第四，加快特色数字资源建设，实施文体服务提质工程，探索菜单式服务模式，为群众提供优质高效、普遍均等的公共文化产品和服务。进一步完善农村公共图书馆、文化馆和村级综合性文化服务中心的服务标准，使其朝着标准化方向发展。

第 5 章

农村社区治理与乡村可持续发展：全国若干经验借鉴

2017年4月，民政部印发《关于开展全国农村社区治理实验区的通知》，决定开展“全国农村社区治理实验区”建设工作，自2018年1月起，48个被确认为首批全国农村社区治理实验区的单位开展了卓有成效的新一轮农村社区治理实践探索，各实验单位围绕加强党的领导、完善治理结构、提升服务功能、激发社会活力、健全发展规划等重大理论和实践问题深化探索，结合自身实际情况，扎实推进各项实验任务，形成众多可推广、可借鉴、可复制的创新经验。通过分析贺州市钟山县和富川瑶族自治县乡村治理的相关情况，本章选取介绍了“多元主体参与农村社区治理”“‘自治、法治、德治’三治融合”“党建引领”和“三社联动”四个示范性经验的相关典型案例，旨在为全国进一步推进乡村治理提供经验借鉴和发展思路，为农村社区治理与乡村可持续发展实现互动共赢提供借鉴和参考。

5.1 多元主体参与农村社区治理推进乡村可持续发展的经验借鉴

全国各地在推进多元主体参与农村社区治理的过程中，逐渐形成了各种各样的治理经验，进一步推动了农村社区治理与可持续发展的深度融合。

5.1.1 多方参与、协商共治，推动乡村可持续发展的安徽天长模式

安徽省天长市积极探索建立多方参与、协商共治的农村社区治理机制，发挥协商共治的主体作用，形成多元主体协商治理的新机制，有效促进乡村治理现代化。其主要做法有：一是“两新”组织融入协商。根据不同的协商需求，吸纳经济组织负责人、社会组织骨干进入协商委员

会，使“两新”组织能更好地融入社区治理之中。二是专业人士引领多维协商。对于党组织、群众不具备专业技术知识的领域，邀请相关专家学者、专业技术人员、第三方机构参与并进行论证评估。在规划方案遇到专业性困难时，向专业人士发出邀商或咨商，提升方案制定的合理性和专业性。在涉及法律问题时，借助驻村（社区）法律顾问、人民调解员等相关专业人士的力量。在社区日常服务的多元供给层面，将志愿服务组织、专业社工组织、专业社会工作者纳入到服务组织体系当中。此外，动员村域范围内的社会组织或民间草根组织、村（社区）“两代表一委员”、专业人士组成的特邀顾问组，参与协商工作。三是传统治理纳入协商资源。村（社区）“五老”（老党员、老干部、老教师、老战士、老模范）、乡贤能人等群体在农村社区治理中具有独特的政治优势、经验优势和威望优势。发挥其在村（社区）协商、移风易俗、文明引导、矛盾调解等领域的积极作用，以关键的少数力量带动，引领普遍多数。四是组建子协商委员会。在村（社区）可组建子协商委员会。子协商委员会根据协商事项的需要，构成模式放宽为“N + X”模式。“N”大于 1 即可，“X”为利益相关人员。“N”一般由村（居）“两委”干部、党小组长为召集人，同蹲点包组相结合。子协商委员会一般协商蹲点包组范围内的需要协商的事项，或受村（社区）“两委”和村（社区）协商委员会指派的协商事项，并及时向村（社区）“两委”和村（社区）协商委员会报备。五是建立其他利益方列席制度。协商委员会在开展议事时，邀请户代表、乡村医生、乡村教师、种养大户、无职党员、外来人员代表等其他利益相关方列席参与，通过会上提问、提出建议、事后给予评价的方式发挥作用，不断扩大协商治理的范围。通过动员和组织各界群众参与社区治理，增强社区服务和治理实效，促进社区和谐，统筹协调社区各类组织和居民共商发展、共担责任、共建家园、共享发展成果。①

---

① 天长市新街镇 . 关于印发《新街镇“全国农村社区治理实验区”实施方案》的通知 [EB/OL].（2019-09-19）[2022-01-20].

5.1.2 村企共建共治，推动乡村可持续发展的四川乐山模式

四川乐山市沙湾区在经济组织和基层治理组织之间，通过发挥基层党组织的龙头功能和引领作用，历经“村企结对”的共同扶持、“村企互动”的共做实事、“村企会商”的共促和谐等三个阶段，最终实现“村企共建”打造社区治理“共同体”的目标。

第一阶段，开展村级集体经济“脱空”工程，夯实“村企共建”的经济基础。大力发展壮大村级集体经济，全面消除集体经济“薄弱村”。各乡镇在依托现有企业、产业的基础上，广泛吸收成功人士、区内外企业、村民和返乡农民积极参与村企共建，实现了村集体经济的有效发展。第二阶段，开启农村社区“激活”工程，多元参与“村企共建”。落实农村社区驻建单位共建责任，与农村社区签订共驻共建协议，形成制度化机制。一是“村企结对”的共同扶持，建立各村与驻村、扶持企业的联络。例如谭坝乡绿化村通过引入蜀景苑生态观光农场，形成了涉农企业解决当地就业、村级层面协调用地用工的结对机制。二是“村企互动”共做实事，健全各村与结对企业的常态化业务事项。例如在沙湾镇三峨村与猕猴桃、蓝莓种植基地结对过程中，将产业发展与乡风文明建设、基础设施建设、环境保护有机结合，历获四川省美丽村庄、四川省卫生村等荣誉，也形成了对观光农业、生态农业的反哺和支撑。三是“村企会商”共促和谐，通过在村级层面大小事务中引入企业方共商共议，在转变观念、引入资源方面形成助力，在服务企业、维护稳定大局方面形成合力。第三阶段，加快建设“五方”共治机制，实现各类治理主体有效融入。在该过程中，村级党组织、村委会、企业、社会组织、群众等充分参与，发展培训“农村社区治理能人”“农村社区服务达人”300名，形成了农村基层治理的有效支撑。在“五方”共治机制中，重点是基层党组织的引领效应。太平镇罗一村积极发挥基层党组织在农村社区治理中的领导核心作用，在村党组织内设立产业发展党小组，建立了流动党

支部，形成了对驻村外来企业与合作社党建的覆盖和引领，围绕“村企共建”打造社区治理“共同体”的目标走深做实。①

5.1.3　引导青年参与乡村治理，推动乡村可持续发展的河北双滦模式

河北省承德市双滦区围绕推动多方主体参与农村社区治理的目标，引导青年参与农村社区治理，为农村社区治理注入青春力量。该区充分发挥共青团组织优势，统筹整合各类团属工作资源，推动工作手臂向农村社区延展，以“2 + 3 + 4”工作机制（即以“青年村干部 + 农村青年人才”为“领头雁”，组建助力农村社区治理青年先锋队伍；以“团支部 + 青年中心 + 青农社区”为着力点，打造助力农村社区治理青年活动阵地；以“青年参与 + 提升服务 + 优化治理 + 拓宽空间”为落脚点，构建助力农村社区治理项目体系）为支撑，在 19 个重点村设置青年先锋岗，示范引导团员青年履行岗位职责，创新工作方式，提升服务能力，自觉开展各类志愿服务活动，进一步引导动员广大双滦青年积极投身农村社区治理，助力乡村振兴。②

5.2　“三治融合”推进乡村可持续发展的经验借鉴

乡村振兴，治理有效是基础。党的十九大报告将“治理有效”作为实施乡村振兴战略的总要求之一，并强调要健全自治、法治、德治相结合的乡村治理体系。

---

① 人民网—吉林频道．【创新社会治理】四川省乐山市沙湾区：“村企共建”打造社区治理“共同体”[EB/OL].（2019-11-21）[2022-01-20].

② 中国青年网．河北省承德市双滦青年积极投身全国农村社区治理实验区创建工作 [EB/OL].（2020-10-23）[2022-01-20].

5.2.1 “三治融合”推动乡村可持续发展的浙江平湖模式

浙江省平湖市始终坚持“党建＋基层社会治理”，健全党建引领、三治融合、干群同心、共建共治的基层治理新格局，推进“三治融合”，构建一套“三治融合”治理体系，提升社区治理水平，健全党组织领导的村民自治机制。

平湖市积极探索乡村治理新途径，大力推行乡村治理积分制改革，全面推广“股份分红＋善治积分”乡村治理模式，激发村民参与乡村治理的积极性，让乡村治理从村里事变成了“家家事”，以“小积分”撬动社会“大治理”①；深入开展“幸福自治家园”项目和睦（友）邻点建设，扶持100个优秀“幸福自治家园”项目；推动设立党员先锋站，搭建邻里守望互助平台，培育和壮大一批草根自治团队；完善基层协商机制，引导建立自治议政团、村民议事会等多元议事协商组织，畅通群众参与社区治理和服务渠道。同时还以规范村规民约为突破口，以新时代文明实践中心建设为契机，注重“道德润村”“文明新村”，坚持村风家风共抓，实施“美丽家庭”创建工程，全面开展“立家规、传家训、树家风、圆家梦”行动，传承弘扬优秀家风文化，探索实践“自治、法治、德治”相结合的乡风文明治理模式。

5.2.2 “三治结合”引领社区治理，推动可持续发展的内蒙古阿鲁科尔沁旗模式

内蒙古自治区阿鲁科尔沁旗健全治理体系，坚持把自治、法治、德治有机结合，以“三治结合”引领社区治理新风尚，大力推进新时代文明村建设，提升农村牧区社区治理水平。推行多元化服务，深化自治，充分发挥“草原110”职能优势，注重选择熟悉村情民情的嘎查村干部

① 浙江省平湖市农业农村局．“小积分”撬动“大治理”：浙江省平湖市乡村治理创新[J].农村经营管理，2020（11）：17–18.

担任协警，确保牧民得到便捷及时的警务服务，并建立流动专业服务队，牧民可按需求随时享受上门服务；充分调动社会组织等分散资源，共同开展社区服务，满足农牧民多样化需求，积极开展“弘扬乌兰牧骑精神到群众中去”基层综合服务活动、专业咨询、科技创新、科学普及、下乡义诊等活动，极大提高农村牧区的公共服务水平。强化法律意识，践行法治，全旗 245 个嘎查村全部建立人民调解中心，组建各级调解组织和专兼职人民调解员；大力推广“阿鲁科尔沁掌上 12348”蒙汉双语普法微信公众号平台，丰富社区群众的学法载体；深入开展扫黑除恶专项斗争，严厉打击“村霸”、宗族恶势力及其背后的“保护伞”；推行“一村（社区）一调解委员会”，编织横向到边纵向到底的调解组织网络，逐渐形成“矛盾纠纷不出村”的效果。推动乡风文明，倡导德治，多次举办“文明家庭”“美丽庭院”“好儿媳”“见义勇为”“助人为乐”等荣誉评选活动，为社区治理提供精神动力和道德滋养；创新爱心积分激励机制，对广大农牧民在孝老爱心、善行义举等方面的现实表现评定积分，兑换物质奖励，有效激发群众主动参与社区治理的主动性和积极性，达到以“爱心积分”撬动“社区治理”的良好效果。[①]

5.2.3　多方参与“三治融合”，推动乡村可持续发展的安徽巢湖模式

安徽巢湖市以村民理事会为抓手，整合农村人力、土地、资金要素，联动党员、乡贤、农户主体，统筹产业、公益、文化发展，以德治“春风化雨”、以法治“定分止争”、以自治“共治共享”，打通了共建共治共享的“最后一公里”，探索出一条以“‘理事会＋’多方参与的乡村治理‘三治融合’模式”。其主要经验如下。

一是“理事会＋党小组”让自治更加有序。为了壮大理事会中党员

① 赤峰市民政局 . 阿鲁科尔沁旗：创新治理体系，提升农村牧区社区治理水平 [EB/OL].（2020–10–29）[2022–01–20].

比例，巢湖市探索推选党小组长担任理事会长的做法，并建立理事会和党小组联合议事制度，创造性地采用“理事会 + 党小组”议事模式，进而把基层党建工作与乡村治理等各项工作有机结合起来，将党组织下沉到乡村治理“神经末梢”，不但充分发挥了党的引领作用，聚民力、解民忧、暖民心、美民德的独特治理功能，提升了党的组织能力、领导能力，同时，也有力提升村民理事会的凝聚力和自治力。

二是通过“理事会 + 新乡贤”让德治更加有效。通过“理事会 + 新乡贤”，以理事会为阵地，内举能士、外纳贤才；以乡贤人脉为枢纽，链接资源、厚植产业；以乡贤带动为支撑，焕活参与、纵深治理，使乡贤成为人才振兴的领航者、产业兴旺的践行者、治理有效的助推者。

三是通过“理事会 + 协商共治”让法治更加有力。群众遇到问题，由“跑路找村干部反映解决”变为“家门口的事自己协商解决”。通过“熟人办熟事、熟人管熟人”的方式，土地纠纷、邻里矛盾等“政府管不好、干部管不了、社会无人管”的老大难问题，在村民理事会主导下召开民主协商会都得到有效解决。①

5.3 党建引领农村社区治理以推动乡村可持续发展的经验借鉴

乡村振兴，党建引领是重中之重。基层党组织是党的事业的根基，是各项工作的组织者、实践者和推动者。

5.3.1 党建引领基层治理，推动乡村可持续发展的安徽铜陵模式

安徽铜陵义安区把党建作为农村社区治理创新的重中之重，以标准

① 安徽省民政厅 . 巢湖市“理事会 +”多方参与推动乡村治理有效 [EB/OL].（2020-09-14）[2022-01-20].

化党建为抓手，巩固农村社区治理根基，采取主体责任和工作内容相结合的模式，因地制宜地将基层党建工作标准与农村社区治理实践相融合，推进规范党的阵地建设、组织设置、党内活动、为民服务、工作机制，打造了具有义安特色的农村基层党建标准化体系，不仅大力提升了基层党组织生机活力和领导能力，更保证了党建引领下农村社区治理各项工作的有序开展。义安区以区域化党建为抓手，统筹党建、信息和人才资源，积极探索“村党组织＋企业党组织”“村党组织＋生产合作社党组织”“党组织＋企业＋合作社”等联合党建创新模式，着力提升农村基层党组织的服务能力和水平，更好地服务民生、服务群众、服务党员。全区已经推动区域内规模较大农业、工业、服务业等企业与关联性较强的农村社区成立联合党委，构建了“党员共管、服务共促、资源共享、文化共创”的格局，着力把联合党委建设成带领村民共同致富的坚强堡垒。①

在充分发挥基层党组织和党员作用的同时，尊重农民主体地位，围绕农民需求组织农民开展文化活动，提升乡风文明程度。一是弘扬优秀传统文化。积极开展家风家训等主题活动，大力开展移风易俗、孝老敬亲、崇德向善的新民风建设，弘扬优秀传统文化；二是发展乡贤文化。挖掘和培养乡土文化能人，以乡情、乡亲、乡愁为纽带，吸引和凝聚各方面人士返乡创业发展，发挥“新乡贤”的示范引领作用。三是丰富居民文化生活。积极引导农民围绕传统节日开展主题实践活动，把乡风文明、社区文化和农民群众日常生活紧密结合起来。比如妇女节期间，开展“好婆婆”“好媳妇”“好女儿”评选表彰；重阳节期间，开展“好孝星”“好夫婿”评选表彰；中秋节期间，开展“美好人家”评选表彰；元旦期间，开展“十星级文明户”“五好家庭”评选表彰等，让村风民风更加淳朴。

---

① 铜陵市民政局 . 党建引领农村社区治理的义安实践 [EB/OL].（2019-09-06）[2022-01-20].

5.3.2 坚持“一核四元”推动乡村可持续发展的江苏张家港模式

江苏省张家港市在全市农村社区实施以党建为核心，以网格管理为基础，以社区服务为内容，以社区协商为手段，以法治为保障的“一核四元”社区治理模式。

首先，坚持党建引领，实现党引民治实效化。进一步完善基层党组织领导基层群众性自治组织开展工作的相关制度及构建完善自治机制。发挥党组织“引领自治方向、把控关键环节、协调多元主体、链接各方资源、提供多重保障”作用，促进党组织与基层群众自治组织在“组织、工作、利益”上深度融合。构建完善党组织领导下的基层群众自治机制，建立“基层党组织领导—议事平台民主协商—村民会议或村民代表会议民主决议—村委会组织实施—村务监督委员会民主监督”的基层群众自治机制。

其次，开展民主协商，实现社区协商制度化。优化议事协商平台，规范细化村民议事规则及程序，因地制宜创新推行村民议事会、村民决策听证、民主评议等形式的社区协商。推进协商广泛多层发展，发动村党组织、村民委员会、村民小组、驻村单位、非户籍村民代表等各利益相关方有序参与村级事务，加强议事协商。探索“微自治”，推动民主自治向村民小组、小区和自然村延伸。进一步加大社区社会组织培育力度，购买专业社会组织服务，为协商提供专业技术支持。鼓励村民成立各类社区社会组织，组织各类活动，提升村务参与度。[①]

最后，坚持依法治理，实现基层治理法治化。深化“政社互动”，依法理顺基层政府和村委会之间关系，建立基层政府部门和村委会履职履约双向评价机制，缓解农村行政化倾向。发挥各村法律顾问作用，通过政府购买服务的方式，为各村配备法律顾问，法律顾问协助制定《村民

① 江苏省张家港市民政局．张家港市推动多方参与打造社区治理“共同体”[EB/OL].（2018-11-27）[2022-01-20].

自治章程》《村规民约》及村民议事规则，对重大决策出具法律意见书，把好合法合规关口，为村民自治工作守住法律底线。健全完善村治软法，按照“内容合法合规、要求合理合法、操作简便简捷”的基本原则，深入、细致地修订完善《村民自治章程》，规范、细化乡风民俗，形成《村规民约》，提升基层治理法治化水平。

5.4 “三社联动”参与农村社区治理以推动乡村可持续发展的经验借鉴

2004 年，上海市民政局率先提出了社区、社工、社团“三社互动”的概念，并且形成了“以社区为工作平台、以社工为队伍抓手、以社团为组织载体”分工合作的工作思路，在“三社互动”基础上，进一步连接、协调、整合为“三社联动”。2013 年起，民政部将“三社联动”作为基层社会治理创新的重点工作，并在杭州、上海、北京等地建立试点，探寻社区治理的新模式。2017 年“三社联动”在国家层面得到了确认，自此，在全国范围内，全国各地都兴起这种新的基层社区治理模式，结合多方力量，拓宽治理途径，在农村社区治理方案上也取得进步。

5.4.1 “三社联动 +”推动乡村可持续发展的广东江门模式

江门市江海区作为广东省唯一列入首批全国农村社区治理实验区的县（区），也是唯一以“三社联动”为核心治理主题的单位，其关于农村社区治理的策略方法值得学习。根据民政部要求，江海区以“农村‘三社联动’机制建设”为实验主题，并取得一定成绩。本部分以江海区的具体做法为历史参考依据，总结可借鉴、可推广、可复制的创新经验，为加强农村社区治理顶层设计提供政策参考。江海区着力建设以社区为平台、社会组织为载体、社会工作者为支撑的联动体系，以社区、社会组织、专业社工破题，以“培育多方主体，推进‘三社联动’”为抓手，推动社会治理重心向基层下移，实现政府治理和社会调节、居民自治良性互动，走出了一条社区治理的新路子，具体做法如下。

一是“党建引领＋三社联动”提升社区全方位服务能力。坚持党组织在基层治理的引领作用，探索实施《党员责任岗制度》，根据实际设置政策宣传、护村平安、文明风尚、脱贫致富、生态环保、互助爱心等责任岗位，由村党支部委员带头认领，广泛发动村内其他党员参与。结合推行大党委制，发挥社区（片区）党委、“两新”党组织、经济（联）社党组织作用，吸纳“两新”党组织、经济（联）社党组织等党建资源组成片区“大党委”，由“社区党员责任岗成员＋专业社工＋社会组织”联合开展协商议事、志愿服务、社区文化活动。

二是“三个聚焦＋三社联动”提升社区治理精细化水平。聚焦脱贫攻坚，发挥慈善事业在脱贫攻坚中的补充作用，构建由区级慈善会、街道级慈善会、25个村级慈善联谊会构成的“三级联动”大慈善体系。2018年，共筹措善款3864万元，为近1.3万人次提供了援助和帮扶，助力江海区862户帮扶对象实现了全面脱贫。聚焦特殊群体，打造老年人10分钟生活圈，建设26个居家养老服务站点，高标准打造5个街道级长者饭堂，构建“大养老”体系；开展全国农村留守儿童关爱保护和困境儿童保障示范区建设，搭建起1个儿童指导中心及10个儿童服务站点，构建“大儿童保障”体系。聚焦群众关切，广泛开展社会治理公益创投活动，底线民生社工服务覆盖15类特殊人群，并延伸至禁毒、社区矫正等工作领域。2018年，社工机构通过公益创投项目共开展个案62个，服务各类人群超12万次。

三是“三治融合＋三社联动”构建社区多元共治格局。江海区建设多层议事协商制度，组建由“本村各级人大代表（政协委员）＋党员代表＋乡贤＋企业代表＋村民代表＋非本村户籍居民代表”的村民议事会，在驻点社工的协助下，采取开放空间会议等方式商议解决村内民生热点难点问题。立好用好村规民约，结合新时代要求开展村规民约修订，村干部、驻点社工、居民志愿者广泛开展征求意见活动，使修订工作顺利开展；实施村规民约积分管理，对环境维护、邻里和谐等条款内容进行量化评分，通过一定的奖惩使村规民约有效落地。开展法治、德治创建活动，全力推进民主法治村（居）创建活动，实现一村一法律顾问全覆盖，建设各类法治文化公园，结合公益创投开展法治文化宣传活动；建设乡贤馆，弘扬传统文化、乡贤事迹及革命精神，开展最美老人、青年、少年、家庭等“四最美”评选活动，在广大群众中培育崇德向善的社会风尚。①

5.4.2　“三社联动”因地制宜推动乡村可持续发展的四川成都模式

新型农村社区“三社联动”治理主要可以分为“嵌入型”“内生型”“融入型”三种模式。四川省成都市温江区根据不同社区自身独特的地理区位条件、市场化程度、社区居民参与度、治理能力等四个维度因素，分别为天乡路社区、岷江社区、幸福社区三个社区选择了不同的“三社联动”方案。②

第一，选择以“嵌入型”农村社区“三社联动”为治理模式的天乡路社区。“嵌入型”三社联动治理模式以政府向专业社会组织购买服务，引导社区居委会嵌入社区，由专业的社会组织为社区居民提供服务。天乡路社区是成都市温江区按照“城乡统筹、四位一体”的发展要求建立起来的新型社区，社区位于温江区城北。其主要依赖政府以购买服务的形式引进和培育孵化八支社会组织为社区居民提供一站式服务，属于典型的“嵌入式”社区“三社联动”治理模式。其主要做法为：一是农村

① 广东省民政厅 . 江门市江海区探索农村社区治理“3+3”新模式 [J]. 大社会，2019（Z1）：28.

② 申云，潘世磊，吴平 . 新型农村社区“三社联动”治理：模式转换与创新路径：基于多案例比较分析 [J]. 农村经济，2021（06）：87–95.

集体资产股份合作改革。在区、镇政府和区农发局的指导下，天乡路社区率先探索“两股一改”工作，按照依法、自愿、民主、公正的原则，将集体的所有经营性资产、集体土地所有权量化确权到个人，将股权股份分为“土地股”“资产股”和“商铺股”，并向持股成员出具统一印制的记名证书，作为享受收益分配的凭证。在充分尊重农民意愿的基础上，成立天乡路社区股份经济合作社。二是培育社会组织，提高服务能力。社区积极引进和培育专业社会组织，组织引导社会组织开展公共服务配套设施建设，成功构建“15 分钟社区便民生活服务圈”。三是提高居民自治能力和“三社联动”能力。在党委核心领导下，天乡路社区开展“两股一改”和“六项权能”改革，盘活集体资产，壮大集体经济。通过“社区 + 景区 + 小区 + 居民”的农村社区“三社联动”模式，使“三社”资源有效融合，提高社区治理效能。

第二，选择以“内生型”农村社区“三社联动”为治理模式的岷江社区。“内生型”三社联动模式更加注重降低社区对社会服务机构的依赖程度，解决居民主体性不强的问题，增强居民自治能力。政府通过组织强化社区工作者和社区组织的专业技能，内生型社区工作者引导居民自我组织、自我行动，实现社区工作者、社区组织和社区居民的联动发展。岷江社区位于成都市温江区寿安镇北部，距镇政府 3 公里。主要做法为：一是加强组织领导，强化带动作用。在政府相关部门和政策支持下，村两委加强基层党组织建设，岷江社区获得“阵地提升改造专项资金”用于建设党建阵地。在政府支持下，村干部积极发挥模范带头作用，争取镇政府专项资金，投资建设新型产业“盆景集市”，发展集体经济。二是坚持市场导向，引进培育社会组织。为提高村集体经济发展水平和发展质量，同时也为更好服务村民提供充足的资金支持，岷江社区坚持市场导向，积极引进驻村企业，采用“合作社 + 农户 + 公司”的模式，发展乡村旅游项目增加集体经济收入。利用集体经济收入引进社会组织为村民提供诸如帮扶重病老人、照看留守儿童等社会服务，形成“互帮互助，和谐融洽”的社区氛围。三是发挥党建引领作用，全面提升居民自治能力。为整合农村宅基地资源，打破组间界限，村民采取民主自治原则，就近将散居村民划分为不同院落，分设院落管理协会，并由村民自主推选院落长，负责本院落的事务管理。村两委在政府“阵地提升改造专项资金”支持下成立院落党支部，完善社区建设工作，为提高村民自治能力提供组织保障。在基层党组织尤其是村委引领下，村民自治意识和自治能力得到显著提升。社区居民先后自主成立老龄文化协会、爱心互助会等公益性自发组织，提升了居民的文化素养和道德风范。

第三，选择以“融入型”农村社区“三社联动”为治理模式的幸福社区。“融入型”三社联动治理模式强调各主体“共同行动”，基于居民需求，通过政府简政放权，由社会工作者、居民和社会团体共同参与和组织社区服务活动，从而为社区发展持续增能提效，这种渗透融合的服务模式有利于调动各方参与的积极性，为农村社区的发展提供强大的发展动力。幸福社区位于成都市温江区万春镇，距温江城区约 6 公里。在新型农村社区治理中形成了群众主导、村委推动、外部社会组织参与联合共治的模式，属于典型的“融入型”三社联动治理模式。一是以居民需求为导向，充分发挥居民自治能力。社区以居民需求为导向，在社区项目建设、社区发展规划等方面充分考虑居民需求，采取“三自两化”的方式，即自发、自愿、自主，市场化和专业化的方式，通过“百姓代表大会”对居民自发提出的项目、居民宅基地和承包地等农村资产的分配、安置、赔偿等事项进行表决。居民通过自建自营自管的方式开办“陌见”民宿，实现在家门口就业，增加经营性收入。二是强化组织保障，充分发挥村委基层领导作用。在充分发挥居民自治基础上，以村两委为代表，带领居民以入股的方式组建幸福田园投资有限公司。以新村内产业发展和旅游景观项目为推介重点，吸引社会企业投资参与合作开发，形成了政府搭台，村委代表、企业开发、居民参与的多元主体共治模式。通过“集体经济组织 + 企业 + 高校 + 农户”合作运营机制，创建了“乡村音乐节”“倾听幸福田园”等幸福文化品牌。居民需求的表达、实现以及投资公司的成立、运作无疑需要基层强大的组织保障，居民自治是以党委领导下的强大社会组织为基础前提。三是完善多元共治体系，提升综合治理效果。社区以幸福田园投资公司为依托，村委会牵头联合外部投资公司，在社区五个项目园区内成立由子公司、社区居委会和巾帼志愿者组成的景区管委会，制定规章制度，做到权责分明。其中，子公司主要负责对景区、社区总体环境进行统筹管理，社区居委会和巾帼志愿者主要负责日常管理中细节上的监督。随着社区自治组织的高度介入，社区自治力量、社区居民和社区工作者之间形成了良性互动，利益联结机制和多元共治体系逐渐形成，综合治理效能显著提升。

结　语

2022年，中央一号文件指出，要扎实有序做好乡村发展、乡村建设、乡村治理重点工作，推动乡村振兴取得新进展、农业农村现代化迈出新步伐。

促进乡村发展，离不开有效的乡村治理。持续推进农村一二三产业融合发展，需要动员一切可以动员的力量，持续推进乡村治理。推进农业农村绿色发展，实现乡村生态振兴，也需要持续推进乡村治理。稳妥推进乡村建设，更离不开有效的乡村治理。乡村振兴为农民而兴、乡村建设为农民而建，只有自下而上、村民自治、农民参与，乡村建设才能真正开展起来。只有村民自治组织、农村集体经济组织、农民群众共同参与乡村建设，乡村建设才能持续进行下去。务求实效，改进乡村治理，需要我们持续加强农村基层组织建设，不断健全党组织领导下的自治、法治、德治相结合的乡村治理体系，不断创新农村精神文明建设有效平台载体，推进更高水平的平安法治乡村建设。

探究乡村发展、乡村建设、乡村治理过程中乡村治理与可持续发展之间的关系，是本书的使命。广西壮族自治区钟山县和富川瑶族自治县在被确立为全国农村社区治理实验区后，分别以“进一步拓展村民自治体制机制，注重建设自然村或村民小组一级的村民自治群众组织”和“推进农村社区治理社会化、自治规范化和服务标准化”为主旨，探寻乡村治理的改革创新之路，取得了丰富的实践成果。放眼全国，在将近五年的实践探索中，首批48个“全国农村社区治理实验区”从实际出发，大胆探索，不断创新，取得了丰富、积极的实践成果。但是，各个实验区在实践中还存在发展不平衡、不充分的问题，部分实验区在农村社区治理高质量发展的道路上尚处于初级阶段，依旧有很长的路要走。我们希望通过本研究，为中国乡村社区治理与可持续发展总结若干可借鉴、可推广的对策建议，构建中国特色的现代化共建共治共享基层治理体系，助推国家治理体系和治理能力现代化，在全面建成小康社会的基础上，把我国建设成为富强、民主、文明、和谐、美丽的社会主义现代化强国，为最终实现中华民族伟大复兴的中国梦而贡献力量。

我们的研究只是一个新的起点，研究结论也许还有许多不足，后续我们将不断追踪学术前沿，把握实践进展，弥补本书存在的种种缺憾。

参考文献

[1] 中共中央办公厅，国务院办公厅 . 中共中央关于加强党的执政能力建设的决定 [M]. 北京：人民出版社，2004.

[2] 中共中央文献研究室 . 十八大以来重要文献选编：上 [M]. 北京：中央文献出版社，2014.

[3] 中共中央文献编辑委员会 . 毛泽东著作选读：下 [M]. 北京：人民出版社，1986.

[4] 中共中央文献研究室 . 建国以来重要文献选编：第 7 版 [M]. 北京：中央文献出版社，1993.

[5] 中国中央文献编辑委员会 . 邓小平文选：第 3 卷 [M]. 北京：人民出版社，1993.

[6] 习近平 . 决胜全面建成小康社会，夺取新时代中国特色社会主义伟大胜利 [M]. 北京：人民出版社，2017.

[7] 习近平 . 摆脱贫困 [M]. 福州：福建人民出版社，1992.

[8] 习近平 . 干在实处走在前列 [M]. 北京：中共中央党校出版社，2006.

[9] 习近平 . 之江新语 [M]. 杭州：浙江人民出版社，2007.

[10] 习近平 . 习近平谈治国理政：第 1 卷 [M]. 北京：外文出版社，2014.

[11] 刘彦随，龙花楼，陈玉福，等 . 中国乡村发展研究报告：农村空心化及其整治策略 [M]. 北京：科学出版社，2011.

[12] 喻新安，刘道兴 . 新型农村社区建设探析 [M]. 北京：社会科学文献出版社，2013.

[13] 俞可平 . 治理与善治 [M]. 北京：社会科学文献出版社，2000.

[14] 戴玉琴 . 村民自治的政治文化基础：苏北农村个案分析 [M]. 北京：

社会科学文献出版社，2007.
[15]国家统计局农村社会经济调查司.中国县域统计年鉴2021（乡镇卷）[M].北京：中国统计出版社，2022.
[16]国家统计局广西调查总队.2014广西统计年鉴[M].北京：中国统计出版社，2014.
[17]国家统计局广西调查总队. 2015广西统计年鉴[M].北京：中国统计出版社，2015.
[18]国家统计局广西调查总队.2016广西统计年鉴[M].北京：中国统计出版社，2016.
[19]国家统计局广西调查总队.2017广西统计年鉴[M].北京：中国统计出版社，2017.
[20]国家统计局广西调查总队.2018广西统计年鉴[M].北京：中国统计出版社，2018.
[21]国家统计局广西调查总队.2019广西统计年鉴[M].北京：中国统计出版社，2019.
[22]国家统计局广西调查总队.2020广西统计年鉴[M].北京：中国统计出版社，2020.
[23]国家统计局广西调查总队.2021广西统计年鉴[M].北京：中国统计出版社，2021.
[24]Forman R T T.Land Mosaics：The Ecology of Landscapes and Regions[M].Cambridge：Cambridge University Press，1995.
[25]韩喜平，王思然.新中国成立以来农村社区治理的模式演进与现代化转型[J].江淮论坛，2021（03）：83–89.
[26]李增元，杨健.新世纪以来乡村治理现代化进程中的合村并居动力机制及内在逻辑[J].湖南师范大学社会科学学报，2022，51（02）：36–54.
[27]苏敬媛.从治理到乡村治理：乡村治理理论的提出、内涵及模式[J].经济与社会发展，2010，8（09）：73–76.

[28]吴毅 . 农村政治研究：缘自何方，前路何在 [J]. 开放时代，2005（02）：16–20.

[29]徐勇，朱国云 . 农村社区治理主体及其权力关系分析 [J]. 理论月刊，2013（01）：172–175.

[30]杨新荣，杨勇军，黄大乾 . 乡村社会治理的框架、模式与路径研究：以广东省为例 [J]. 农业经济问题，2019（08）：19–29.

[31]狄金华，钟涨宝 . 从主体到规则的转向：中国传统农村的基层治理研究 [J]. 社会学研究，2014，29（05）：73–97+242.

[32]张亚强 . 乡村振兴背景下相对贫困问题的治理路径探析 [J]. 南方农业，2021，15（23）：155–157.

[33]成园园，李莉，王朋玉 . 乡村振兴战略背景下农村社会治理的“三化”建设研究：以甘肃秦安县为例 [J]. 东北农业科学，2019，44（03）：78–82.

[34]陈伟东，许宝君 . 社区治理社会化：一个分析框架 [J]. 华中师范大学学报（人文社会科学版），2017，56（03）：21–29.

[35]钟坛坛 . 城乡一体化进程中乡村社区治理路径研究：影响因素分析 [J]. 农村经济与科技，2016，27（22）：166–167.

[36]刘彦随，龙花楼，陈玉福，等 . 空心村整治应提升为国家战略 [J]. 国土资源导刊，2012，9（07）：31–33.

[37]陈伟东，张继军 . 社区治理社会化：多元要素协同、共生 [J]. 社会科学家，2016（08）：38–43.

[38]付建军 . 从民主选举到有效治理：海外中国村民自治研究的重心转向 [J]. 国外理论动态，2015（05）：82–89.

[39]徐勇，赵德健 . 找回自治：对村民自治有效实现形式的探索 [J]. 华中师范大学学报（人文社会科学版），2014，53（04）：1–8.

[40]徐勇 . 中国家户制传统与农村发展道路：以俄国、印度的村社传统为参照 [J]. 中国社会科学，2013（08）：102–123+206–207.

[41]何增科．我国社会管理体制的现状分析 [J]. 甘肃行政学院学报，2009（04）：101–107+127.
[42]项继权．中国农村社区及共同体的转型与重建 [J]. 华中师范大学学报（人文社会科学版），2009，48（03）：2–9.
[43]贺雪峰，仝志辉．论村庄社会关联：兼论村庄秩序的社会基础 [J]. 中国社会科学，2002（03）：124–134+207.
[44]韦鹏．“三化”建设引领乡村治理探究 [J]. 民生周刊，2020（13）：70–72.
[45]黄海．转型期乡村社会治理及其本土化分析进路：作为方法的社会越轨群体研究 [J]. 清华大学学报（哲学社会科学版），2020，35（06）：107–115+201–202.
[46]刘海健．新型农村社区治理策略 [J]. 乡村论丛，2021（06）：88–97.
[47]郁建兴．走向社会治理的新常态 [J]. 探索与争鸣，2015（12）：4–8+2.
[48]杨琴．三治合一：乡村治理新模式：以浙江省上虞区祝温村为典型案例 [J]. 农村经济与科技，2017，28（22）：7–8+13.
[49]姜晓萍，李强彬．基层党组织引领社区治理的能力提升路径 [J]. 国家治理，2018(31):20–24.DOI:10.16619/j.cnki.cn10–1264/d.2018.31.003.
[50]张文显，徐勇，何显明，等．推进自治法治德治融合建设，创新基层社会治理 [J]. 治理研究，2018，34（06）：5–16.
[51]马彦涛．打造我国乡村治理体系的三维审视 [J]. 宁夏党校学报，2018，20（01）：65–69.
[52]徐永祥．论社区服务的本质属性与运行机制 [J]. 华东理工大学学报（社会科学版），2002（04）：50–54.
[53]曾建民，张秀，刘翠玉．我国乡村振兴战略研究综述 [J]. 社会科学动态，2019（06）：73–78.
[54]杨仪青．城乡融合视域下我国实现乡村振兴的路径选择 [J]. 现代经济探讨，2018（06）：101–106.

[55]岑乾明，宋卫琴．马克思“城乡融合”理论之“中国化”：毛泽东城乡关系理论与实践探析 [J]. 云南行政学院学报，2012，14（02）：77–80.
[56]彭晓伟．中国共产党的城乡关系理论与实践 [D]. 成都：西南交通大学，2012.
[57]蓝文权．邓小平城乡关系思想研究 [D]. 西安：陕西师范大学，2011.
[58]吴学凡．江泽民的城乡差别思想研究 [J]. 长沙理工大学学报（社会科学版），2008（02）：55–58.
[59]孔垂海．党的十六大以来胡锦涛城乡统筹思想研究 [D]. 哈尔滨：东北林业大学，2014.
[60]孔祥智，张效榕．从城乡一体化到乡村振兴：十八大以来中国城乡关系演变的路径及发展趋势 [J]. 教学与研究，2018（08）：5–14.
[61]王振坡，韩祁祺，王丽艳．习近平新时代中国特色社会主义城乡融合发展思想研究 [J]. 现代财经（天津财经大学学报），2019，39（09）：3–11.
[62]李里峰．乡村精英的百年嬗蜕 [J]. 武汉大学学报（人文科学版），2017，70（01）：5–10.
[63]蔺雪春．当代中国村民自治以来的乡村治理模式研究述评 [J]. 中国农村观察，2006（01）：74–79.
[64]湛礼珠．制度贫困、实践创新与农村基层治理转型：基于国内几种主要乡村治理模式的对比分析 [J]. 中共福建省委党校（福建行政学院）学报，2020（06）：111–118.
[65]汪雷，王昊．乡村振兴视域下的数字乡村治理：困境与出路 [J]. 邵阳学院学报（社会科学版），2021，20（04）：32–37.
[66]张慧卿，刘智军．参与主体多元化背景下农村社区协同治理探究 [J]. 中北大学学报（社会科学版），2021，37（06）：23–30.
[67]浙江省平湖市农业农村局．“小积分”撬动“大治理”：浙江省平湖市乡村治理创新 [J]. 农村经营管理，2020（11）：17–18.
[68]林霞，张瑞．一线城市“新城镇”基层社区治理探究：以北京市房

山区长阳镇为例 [J]. 中国社会工作，2019（01）：35–38.
［69］广东省民政厅 . 江门市江海区探索农村社区治理“3+3”新模式 [J]. 大社会，2019（Z1）：28.
［70］申云，潘世磊，吴平 . 新型农村社区“三社联动”治理：模式转换与创新路径：基于多案例比较分析 [J]. 农村经济，2021（06）：87–95.
［71］张磊 . 昆明市官渡区“一核多维、共建共享”建设社会治理共同体的实践探索 [J]. 创造，2022，30（01）：61–64+68.
［72］Wu J G. Landscape sustainability science：ecosystem services and human well–being in changing landscapes[J].Landscape Ecology，2013（06）：999–1023.
［73］Kosobud R F. Economics，Natural Resource Scarcity and Development. Edward B. Barbier[J]. Economic Development and Cultural Change，1991，39（2）：435–437.
［74］Kidd C V. The evolution of sustainability[J]. Journal of Agricultural and Environmental Ethics，1992，5（1）：1–26.
［75］Smit B，Brklacich M. Sustainable development and the analysis of rural systems[J]. Journal of Rural Studies，1989，5（4）：405–414.
［76］Kitchen L C，Marsden T.Creating sustainable rural development through stimulating the eco–economy：Beyond the ecoeconomic paradox?[J]. Sociologia Ruralis，2009，（03）：273–294.
［77］Barbier E B. The Concept of Sustainable Economic Development[J]. Environmental Conservation，1987，14（2）：101–110.
［78］Bryant C，Granjon D.Rural sustainability Human Settlement Development[M].Oxford：Eolss Publishers，2020.
［79］Cloke P.Conceptualizing rurality Cloke P，Marsden T，Mooney P. Handbook of Rural Studies[M].London：SAGE Publications，2006.
［80］Maclaren V W. Urban Sustainability Reporting[J]. Journal of the

American Planning Association，2007，（2）：184–202.

[81]戴维·皮尔斯，杰瑞米·沃福德 . 世界无末日：经济学·环境与可持续发展 [M]. 张世秋，等译 . 北京：中国财政经济出版社，1996.

[82]杨文进 . 可持续发展经济学中的价值理论 [J]. 生态经济，2000（08）：11–14.

[83]刘思华 . 可持续经济文集 [M]. 北京：中国财政经济出版社，2007.

[84]世界环境与发展委员会 . 我们共同的未来 [M]. 长春：吉林人民出版社，1997.

[85]莱斯特 .R. 布朗 . 建设一个持续发展的社会 [M]. 北京：科学技术文献出版社，1984.

[86]胡聃 . 可持续性的生态内涵及其发展意义 [J]. 生态学杂志，1996，（2）：31–36.

[87]Shimwell D W，Tivy J，O'Hare G . Human Impact on the Ecosystem[J]. Journal of Ecology，1981，71（1）：346.

[88]Chambers R，Conway G. Sustainable rural livelihoods：practical concepts for the 21st century[M]. Brighton，England：Institute of Development Studies，1992.

[89]李建华，周胜军，孙宝凤 . 我国科技人力资源与财力资源匹配规模优化研究 [J]. 科学管理研究，2001（06）：72–76.

[90]马丁·休伊森，蒂莫西·辛克莱，张胜军 . 全球治理理论的兴起 [J]. 马克思主义与现实，2002（01）：43–50.

[91]Holsti K J. International Politics：A Framework for Analysis[M]. Englewood Cliffs：Prentice-Hall，1996.

[92]星野昭吉 . 全球化时代的世界政治：世界政治的行为主体与结构 [M]. 刘小林，梁云祥，译 . 北京：社会科学文献出版社，2004.

[93]Kooiman J，VanVliet M. 治理与公共管理 [M]. 乌鲁木齐：萨吉出版公司，1993.

后　记

《乡村社区治理与可持续发展研究》一书，是科学研究工程·珠江–西江经济带乡村振兴专项课题项目“珠江–西江经济带自然保护区与邻近社区共赢发展研究”（ZX2017014）的研究成果。

2018年，首批“全国农村社区治理实验区”公布，广西壮族自治区钟山县和富川瑶族自治县名列其中。实验区主要围绕农村社区治理中带有全局意义的普遍问题和涉及体制机制的难点问题进行探索。其中，钟山县高度重视农村经济可持续发展，深入推进农村社区治理工作，积极探索农村社区治理机制，在促进多元主体参与农村社区建设、推进农村社区法治建设、改善农村社区人居环境等方面取得显著成效；富川瑶族自治县着力推进农村社区治理社会化、自治规范化和服务标准化，将农村社区建设融入全县“一轴两园三区四业”发展布局，结合美丽乡村、脱贫攻坚、乡村旅游，合理布局农村社区功能，推动城乡社区规划全覆盖。

本研究以钟山县和富川瑶族自治县为案例，重点研究乡村治理中村民自治与可持续发展的关系。通过本研究，试图凝练并形成可推广、可借鉴的农村社区治理与可持续发展良性互动的创新经验，为其他地方加强农村社区治理提供有益参考。同时，通过对富川瑶族自治县乡村社区治理社会化、自治规范化和服务标准化进行研究，推动乡村社区治理方式的创新和完善，助推乡村全面振兴。

本书的数据主要源于本研究团队在钟山县和富川瑶族自治县实地走访获取的一手数据以及其他各种渠道获得的文件资料等，保证了数据的真实性和内容的严谨性。

特别感谢罗宇溪在本书策划、拟定提纲和设计总体研究框架过程中给予的大力支持；感谢邓琳妍、熊添任、范君耀、魏源、韩孟、李乾超、辛菲参与相关章节的资料搜集和文献整理工作。

感谢在本研究过程中给予研究团队支持的所有单位和个人；感谢钟山县和富川瑶族自治县当地政府和乡村干部对研究团队调研活动给予的支持与配合；感谢企业管理出版社对本书出版的指导和大力支持。

本书虽然经过多次修改，但由于时间和水平所限，书中不足和疏漏在所难免，恳请专家学者批评指正。

附录一：贺州市钟山县村民调研提纲

钟山县村民小组（或自然村）自治调研提纲

第一部分（县各部门调研座谈使用）

邀请组织、发改、公安、政法、编办、农业农村、司法、民政、文旅等部门负责人参加座谈，交流相关职能部门在推进农村社区治理方面的经验、问题、建议及下一步工作思路。

1. 您认为钟山县目前农村社区治理是否已经形成了“钟山模式”或出现了“钟山现象”？最大的亮点是什么？

2. 各部门在钟山农村村民小组或自然村自治实验区建设过程中，所做的主要工作和主要成绩，特别是具有特色的经验和做法。

3. 县民政局等部门是否联合出台了“村民小组或自然村自治工作实施方案”以及相关的文件等？

4. 各部门如何各司其职，推进以自然村或村民小组为单元进行村民自治，分别提供了什么支持及各部门投入的人力、物力、财力等方面的情况。

5. 为了提高村民自治能力、小组长组织开展小组自治的能力，县级层面、乡镇层面、村委会层面分别采取了哪些有效措施？

6. 了解民政局是否组织村书记、村委主任、村民小组长考察、学习、培训，多少次？

7. 各村是否向相关部门提交了村民小组自治或自然村自治相关的工作总结？

第二部分（乡镇调研使用）

在钟山县乡镇调研农村社区治理中村民小组或自然村自治工作，对乡镇主要领导及工作人员进行访谈。

1. 您认为钟山县目前农村社区治理是否已经形成了“钟山模式”或出现了“钟山现象”？最大的亮点是什么？

2. 乡镇在农村村民小组或自然村自治实验区建设过程中，所做的主要工作和主要成绩，特别是具有特色的经验和做法。

3. 乡镇在推进以自然村或村民小组为单元进行村民自治过程中，分别提供了什么支持，包括各部门投入的人力、物力、财力等方面的情况。

4. 为了提高村民自治能力、小组长组织开展小组自治的能力，乡镇层面采取了哪些有效措施？

5. 镇或县是否组织过村书记、村委主任、村民小组长考察、学习、培训，多少次？

6. 该镇村民小组自治或自然村自治相关的工作总结材料。

第三部分（县各部门和乡镇、村调研共同使用）

向县各部门、镇各部门、村委相关人员了解核对情况。

1. 核实和了解各村是否成立了以村民小组或自然村为基本单元的村民理事会。

2. 核实和了解各村是否形成了“党支部＋村民理事会”村民自治新模式。

3. 核实和了解各村的村民理事会真正发挥了哪些作用。举例说明村民理事会在村级建设中发挥作用的情况，如在乡风文明、移风易俗、美丽乡村建设中的作用。

4. 除了村民小组理事会，还成立了什么组织？是否实现了村组自治主体多元化？成立了什么平台？是否实现村组自治载体多样化？有没有成立乡贤慈善会，或家乡建设委员会，或文体协会？

5. 核实和了解有没有形成村党委→党支部→党小组三级党的组织网络，全面加强对村民小组自治的领导和引导。

6. 核实和了解村民小组自治是否在党组织的领导下开展工作，党小组成员是否被依法推选进入小组理事会。

7. 核实和了解党小组成员除参加党委、支部活动外，是否在村民自治中发挥领导和引导作用，党员是否既是宣传者又是参与者，既是决策者又是执行者，既是把关者又是带头者，成为引导、带领村民自治的中坚力量。

8. 核实和了解理事长、理事会成员构成情况。包括理事长是否由自然村支部书记担任，理事会成员是否从老党员、老干部、“新乡贤”及威信较高的村民中选出。

9. 核实和了解村民理事会每月集中开会讨论村务情况及记录。索取记录。

10. 了解通过村民小组或自然村自治，在美丽乡村建设、村庄规划建设管理、乡村拆迁整治、农民宅基地改革、易地扶贫搬迁、乡村产业发展、移风易俗、新乡规民约、和谐乡村建设等方面发挥的具体作用。

11. 了解钟山县农村是否形成了“村民委员会自治 + 自然村自治 + 村民小组自治”的两级或三级自治格局。

12. 村组自治是如何有效运转的，有没有制度化和机制化为保障。

13. 了解各村民小组或自然村制定村民小组议事会组织产生办法，村民小组村民会议有关规定或决定，以及村组议事会的职责等情况。

14. 了解各村民小组或自然村制定村民小组议事会组织产生办法，村民小组村民会议有关规定或决定，以及村组议事会的职责等情况（是否制定协商议事规则？平时如何协商村务？）。

15. 农村社区治理实验区在自然村层面“微治理”过程中出现了哪些困难？目前还存在什么困难？产生了哪些新问题？

16. 如何理顺村民委员会治理与村民小组治理的关系？

附录二：贺州市富川瑶族自治县调研提纲

富川瑶族自治县农村社区治理社会化、自治规范化、服务标准化调研大纲

1. 富川农村社区治理过程中，是否有社会工作者、公益组织、志愿服务组织、现代乡贤、乡贤组织、社区内在民间组织、社会型企业等各种类型的社会力量参与？具体情况如何？是否有材料？

2. 富川在农村社区治理过程中，是否在村民小组自治中采用有班子、有规划、有培训、有程序、有制度、有机制、有监督、有检查等规范化建设做法？是否有总结材料？

3. 富川的村民小组自治是否严格落实《村民委员会组织法》和广西关于实施村民委员会组织法办法？是否充分发挥村党组织领导核心作用？

4. 富川的村民小组自治是否实践完善民主决策、民主管理、民主监督、民主协商机制？是否健全规范了村民小组会议程序？

5. 村民小组财务管理是否规范？是否严格执行有关财务会计制度，配备必要的财务人员，建立健全了财务预决算、开支审批、财产清查、收益分配、民主理财和财务公开等制度。

6. 是否建立健全了农村集体资产交易服务平台，完善交易规则和相关制度，规范了农村集体经济组织的农村集体资产交易活动。

7. 是否全面开设村民小组组务公开栏，实行组务公开。

8. 是否出台了关于加强和完善农村社区治理的实施意见等文件？索取相关文件。

9. 富川农村社区治理是否推进了“社区 +”服务平台建设。

10. 富川农村社区服务中心的标准化建设成效和做法，是否合理设置了综合服务大厅、阳光议事厅、社区教育学校、社区综治中心、社区综合办公室等。利用情况如何？

11. 富川农村社区服务中心是否设置有多功能会议室、党员活动室、司法行政工作室、社区警务室。利用情况如何？

12. 富川农村社区服务中心是否设置有文体活动室、阅览室、留守儿童活动室、农业综合服务室、社会组织服务室、电子商务室等。利用情况如何？

13. 富川农村社区治理社会化方面制定了哪些工作方案？做了哪些具体工作？主要负责部门是否有具体工作总结？哪些村做得更好？具体做法和基本经验是什么？

14. 富川农村社区治理规范化方面制定了哪些工作方案？做了哪些具体工作？主要负责部门是否有工作总结？哪些村做得更好？具体做法和基本经验是什么？

15. 富川农村社区治理服务标准化方面制定了哪些工作方案？做了哪些具体工作？主要负责部门是否有工作总结？哪些村做得更好？具体做法和基本经验是什么？

附录三：实地调研图

为了更加深入地了解钟山县和富川瑶族自治县推进乡村社区治理情况，调研组对钟山和富川进行了实地调研，附部分调研图片如下。

图1　钟山县调研座谈会

图2　钟山县两安瑶族乡三联村基本概况

图3　钟山县城北社区政务服务大厅

图4　钟山县钟山镇基层党建网格战区图

图 5　富川瑶族自治县调研座谈会

图 6　富川瑶族自治县石家乡黄竹村村规民约和四会机构

图 7　富川瑶族自治县麦岭镇三民村党务公开栏

图 8　富川瑶族自治县六合村委毛家自然村垃圾分类网格示意图